W Heyd

Zur Frage der Übertragung der Syphilis durch die Schutzpockenimpfung

und über die Methode der Impfung direkt von der Kuh

W Heyd

Zur Frage der Übertragung der Syphilis durch die Schutzpockenimpfung
und über die Methode der Impfung direkt von der Kuh

ISBN/EAN: 9783743625730

Hergestellt in Europa, USA, Kanada, Australien, Japan

Cover: Foto ©berggeist007 / pixelio.de

Weitere Bücher finden Sie auf **www.hansebooks.com**

Zur Frage

der

Uebertragung der Syphilis

durch die Schutzpockenimpfung

und

Ueber die Methode der Impfung

direkt von der Kuh,

auf Grund der gegenwärtig in der Académie impériale de médecine zu
Paris geführten Verhandlungen,

von

Dr. W. Heyd

in Stuttgart.

Stuttgart & Leipzig.
Verlag von A. Kröner.
1867.

Druck von Gebrüder Mäntler in Stuttgart.

Vorwort.

Während meines längeren Aufenthaltes im Auslande, in Frankreich, England und Italien, hatte ich Gelegenheit, die Frage von der Uebertragung der Syphilis durch die Vaccination näher zu studiren. Schon früher hatte ich dieser für die öffentliche Hygieine so inhaltsschweren Frage eine besondere Aufmerksamkeit geschenkt, war aber durch meine damaligen vielseitigen Berufsobliegenheiten als Assistenzarzt und Docent an der Universität Tübingen von eingehenden Studien abgehalten gewesen. — In der Académie impériale de médecine zu Paris brachte der Impfdirector Dr. Depaul den 29. Novbr. 1864 seinen denkwürdigen Bericht ein, „projet de rapport à présenter à Son Exc. M. le ministre au nom de la commission de vaccine de l'Académie", worin er die Existenz der Vaccinal-Syphilis nachweist und Schutzmaßregeln gegen solche schwere Gefährdung der öffentlichen Gesundheit vorschlägt.

Dieser Bericht rief wahren Sturm in der gelehrten Körperschaft hervor und gab Veranlassung zur gründlichen Discussion dieser Frage.

Bei ihrer großen Wichtigkeit glaube ich mich keiner undankbaren Aufgabe zu unterziehen, wenn ich nach der Rückkehr in die Heimath auf Grund jener Verhandlungen der französischen Akademie das Wichtigste in übersichtlicher Zusammenstellung kurz mitzutheilen versuche.

Die Frage der Möglichkeit oder Unmöglichkeit der Uebertragung der Syphilis durch die Vaccination gehörte zu den wichtigsten Problemen medicinischer Wissenschaft und wurde seit Decennien von den Aerzten aller Länder durch sorgfältige Beobachtungen und Experimente zu lösen gesucht. Ihre Beantwortung mußte für die öffentliche Gesundheitspflege die größte Tragweite haben. Wir sehen diese Frage auch gleichzeitig mit der Einführung der Vaccination entstehen und pro et contra auf's eifrigste discutirt, allein ihre sichere Beantwortung fällt erst in die neueste Zeit.

Von Anfang an wußten die Anhänger der Vaccination nicht genug Lobeserhebungen zu machen, die Gegner nicht genug Tadel auszuschütten, indem die Vaccination das Blut vergifte durch Uebertragung aller möglichen schädlichen Krankheitsstoffe. Die Extreme berühren sich und sind der Wahrheit Feind.

Trotz der heftigsten Bekämpfung breitete sich die Vaccination mehr und mehr aus. Die Mehrzahl der Aerzte wurden ihre Vorkämpfer und erklärten die Uebertragung giftiger Stoffe, insbesondere des syphilitischen Giftes, mittelst der Vaccination für eine Unmöglichlichkeit. Mit solcher Erklärung fühlten sich dieselben in ihrem Gewissen beruhigt und wußten solche Ruhe auch ihren Clienten zu geben, bis einige schauderhafte Ereignisse in Italien und Deutschland, welche im Gefolge der Vaccination vorkamen, Aerzte und Laien im höchsten Grade erregten und die Frage der Vaccinal=Syphilis zu einer brennenden machten.

Zum Glücke ist die genauere Kenntniß dieser entsetzlichen Unglücksfälle mehr auf die wissenschaftlichen Kreise beschränkt geblieben, indem durch größere Verbreitung derselben unter das Publikum bei gegenwärtig überall sich regender Agitation gegen das Impfinstitut dessen Gegnern die mächtigsten Waffen in die Hände gegeben worden wären. — Da wir aber bei den gegenwärtigen Impfeinrichtungen keinerlei Garantie haben, daß nicht morgen ähnliches Unglück auch über uns hereinbricht, so gilt es, bei Zeiten zu dessen Verhütung die geeigneten Schutzmaßregeln zu ergreifen. — Zur richtigen Erkenntniß der Gefahr und zur Verhütung derselben in meinem Theile etwas beizutragen, ist der Zweck dieser Arbeit.

Wenn man sich selbst zu täuschen und die vorhandene Gefahr als nicht vorhanden sich einzureden sucht, so könnte man leicht zu spät deren leider nur zu reale Existenz erfahren müssen. Die Aerzte als Wächter der öffentlichen Gesundheit sind in erster Reihe verpflichtet, mit Wort und That solchen Gefahren zuvorzukommen.

In Frankreich, dem Lande der Centralisation, finden wir auch auf wissenschaftlichem Gebiete das Centralisationsprincip durchgeführt in der Akademie. In dieser werden alle Probleme, welche vom Fort=

schritte der Wissenschaft gegeben sind, zu lösen versucht, hier werden alle Fragen der öffentlichen Gesundheitspflege auf's sorgfältigste erwogen. Die Akademie, zusammengesetzt aus anerkannten wissenschaftlichen Größen und bewährten Praktikern, bildet das oberste Collegium, dessen Verhandlungen unsere ganze Aufmerksamkeit verdienen. — Während meines zweijährigen Aufenthaltes in Paris wurde die Frage von der Möglichkeit der Uebertragung der Syphilis durch die Kuhpockenimpfung auf's eingehendste in der Akademie discutirt. Vertheidigung und Angriff wurden von den besten Kämpen beider Parteien mit bewundernswerther Schärfe der Dialektik geführt, so daß der unparteiische Zuschauer dieses interessanten akademischen Kampfes wirklich momentan irre werden kann, auf welcher der beiden Seiten eigentlich die Wahrheit zu finden sei.

Jede neue Wahrheit bricht sich unter Kämpfen Bahn; sie kann zeitweise von den Gegnern selbst ganz zugedeckt, aber gewiß nie vernichtet werden. Stets wird die Wahrheit sich wieder erheben und endlich siegen — per aspera ad astra!

Klaren Beweis hiefür liefern auch die Kämpfe für die Existenz der Vaccinal-Syphilis. Jetzt ist deren Realität unbestritten, aber bis vor Kurzem noch als Irrlehre gebrandmarkt. — Die Anhänger und Freunde der Vaccination fürchteten sich, selbst nachdem sie sich von der Wahrheit der Lehre von der Vaccinal-Syphilis überzeugt hatten, darüber weiter sich auszulassen, um nicht „dem alt ehrwürdigen Impfinstitut" zu schaden, ohne zu bedenken, daß sie in der Wahl zwischen zwei Uebeln das größere wählten. Denn durch Zudecken und Verschweigen solchen Schadens wird derselbe nicht besser, sondern immer schlimmer, während offene Darlegung und darauf basirte Berathung zur Abhilfe den Schaden heilen, die Gefahr verhüten können.

Das Impfinstitut kann auf diese Weise nur gewinnen, während bei der entgegengesetzten Praxis des zaghaften Schweigens den immer zahlreicheren Gegnern des Impfwesens in die Hände gearbeitet wird.

Wahrheit braucht nie das Licht zu scheuen und rücksichtsloseste Discussion ist ihre beste Freundin.

Durchdrungen von der Wichtigkeit der in Frage stehenden Sache habe ich über dieselbe im medicinischen Vereine zu Stuttgart am 28. Febr. d. Js. einen Vortrag gehalten, auf Grund von welchem dieser Gegenstand auch hier zu collegialischer Discussion gebracht wurde.

Wie in meinem Vortrage, so will ich auch hier zuerst in Kürze die wichtigsten bis jetzt vorliegenden Facta in historischer Reihenfolge aufzählen und nach deren Prüfung die nöthigen Schlüsse ziehen. Im Anschlusse hieran möge dann ein kurzes Resumé der interessanten Verhandlungen der Pariser Akademie Platz finden, worin wir die Hauptkämpfer selber vorführen, um hierdurch ein anschauliches Bild zu bekommen, wie heiß es oft bei wissenschaftlichen Streitfragen selbst im etiquettvollen akademischen Gewande hergeht.

Den Schluß meiner Abhandlung bildet die praktische Verwerthung der mühsam errungenen Fortschritte der Wissenschaft für das öffentliche Wohl, Einführung von genügenden Schutzmaßregeln. — Vorwärts heißt die Losung, welche in unserer Zeit alle Gebiete des Lebens durchdringt und unaufhaltsam Bahn sich bricht. — Mit alt hergebrachten Einrichtungen, welche durch den Fortschritt als unvollkommen und nachtheilig erkannt sind, muß gebrochen werden. Neue, bessere Methoden müssen an die Stelle der alten treten. —

Thue jeder in seinem Theile seine Pflicht, und das Ganze wird gefördert.

Stuttgart, im März 1867.

Dr. Heyd.

Uebersichtliche Zusammenstellung

von der wichtigeren Literatur über die Frage der Vaccinal-Syphilis, unter besonderer Berücksichtigung der ausländischen Literatur.

I. Periode. 1800 — 1830.

Cullerier, quelques faits relatifs à la vaccine. Paris. 1803.
Chappon, traité historique des dangers de la vaccine. Paris. 1803.
Husson, Recherches historiques et médicales sur la vaccine. Paris. 1803.
Moseley, on the lues bovilla or cowpox. London. 1805. 2. ed.
Depping, Discussions historiques et critiques sur la vaccine. La vaccine combattue dans le pays où elle a pris naissance, traduit de l'anglais. (Uebersetzung von Moseley's Abhandlung.) Paris. 1807.
Rowley, de l'inefficacité et des dangers de la vaccine, traduit de l'anglais. Paris. 1807.
J. Adams, Observ. on morbid poisons. London. 1807.
Gennaro Galbiati, memoria sulla inoculazione vaccina coll'umore ricavata immediatemente della vacca precedentemente inoculata, di Gennaro Galbiati, chirurgico del Ospedale degli Incurabili. Napoli. 1810. — Sehr bemerkenswerth!
Barbantini, del contagio venereo. 1821. Cerioli's Fälle erwähnt.
Annali universali di medicina compilati da Annibale Omodei. Milano. 1824. t. XIX. Marcolini's Fall von Udine.

1830. Paris. Instruction sur la vaccine. Besonders dadurch interessant, daß in dieser officiellen Impfvorschrift die Akademie geradezu erklärt, durch unzählige Fälle sei der Beweis geliefert, daß selbst, wenn die vaccine von Individuen, welche mit contagiösen Krankheiten, z. B. Syphilis, behaftet sind, genommen werde, kein giftiges Prinzip übertragen würde, sondern nur vaccine! So geschehen 1830. — Vergleiche damit einstimmige Annahme des Berichtes von Depaul 1866.

II. Periode. 1830—1840.

1831. Journ. de méd. et de chir. prat. 1831. t. II. p. 85. 3. cah. Bidart, Essai sur la contagion de la syphilis par la vaccination.
1832. Froriep's Notizen. Nr. 745. Fall von Dr. Ewertzen in Frederiksborg.
1833. Paris. Bousquet, traité de la vaccine, läugnet Syphilis ex vaccina.
1834. Hufeland's Journal, Juli. Fall von Dr. Hauf in Besigheim.
1838. Heim, Darstellung der Pockenseuche in Württemberg.
1838. Paris. Ricord, traité pratique des maladies veneriennes.
1839. t. X. 10. cah. Journ. de méd. et de chir. pratiques.

III. Periode. 1840—1850.

Journal des connaissances medico-chirurgicales 1844. Pitton's zwei Fälle.
Steinbrenner, Traité sur la vaccine ou recherches historiques et critiques sur les resultats obtenus par les vaccinations et les revaccinations. Paris. 1846.
1846. 29. Juni, offenes Sendschreiben von Dr. Cerioli an Dr. Luigi Mazzetti: Della possibilita di communicare la sifilide col mezzo della vaccinazione.
1848. 17. Juli. Journal méd. de Lyon: Montain läugnet V.=Syphilis.
1848. Paris. Bousquet, nouveau traité de la vaccine et des éruptions varioleuses ou varioliformes. Auch hier V.=S. geläugnet.
1849. Gazetta medica Lombarda: Viani's interessanter Fall.
1850. Med. Zeitung des Vereins für Heilkunde in Preußen. Nr. 20. Oberarzt Fouquet's Beobachtung.
1850. Nr. 14. Preuß. Ver.=Ztg. Fall von Dr. Wegeler in Coblenz.

IV. Periode. 1850—1860.

Ricord, Lettres sur la syphilis. 1856. 2. éd. und 1863. 3. éd.
Ricord, Leçons sur le chancre, rédigées et publiées par Alfred Fournier, 1858. 1. éd. und 1860. 2. éd.
1853. t. XIII. p. 121. Revue médico-chirurg. Paris. Ceccalbi's Beobachtungen.
1853. Anglada, Traité de la contagion. Paris.
1854. Wiener Zeitschr. S. 428—433 u. 1855 S. 159. 4 Versuche und 1855. Zeitschr. der Ges. der Aerzte zu Wien, weitere Versuche von Friedinger.
1854. Bair. ärztl. Int.-Blatt. S. 66. Fall von Dr. Ewertzen.
— — Nro. 10. Pauli in Landau spricht Hübner frei.
— — Nro. 25. Antwort Heine's, der ihn verurtheilt.
— — Nro. 34. Recension von Heine's Abhandlung von Dr. Friedrich, der Hübner auch absolvirt.
— — Nro. 29. Direktor des allg. Wiener Krankenhauses Dr. Helm.
Heine, Beiträge zur Lehre von der Syphilis in ihrer Verbindung mit Vaccine und Diphtheritis. Würzburg. 1854.
1854. Zeitschr. der k. k. Ges. der Aerzte. I. 362. Direktor Dr. Helm.
1854. Nr. 44. Medicin. Centralzeitung. Dr. Eichmann.
1854. 2. Aug. New-York medical times. Dr. Monnell's Fall.
1857. Beobachtung von Dr. Galligo im Dorfe Rufina bei Florenz: Gaz. hebd. de Paris. 1860. p. 519. Siehe S. 10 das Jahr 1860.
1858. Bamberger's Beobachtung in Würzburg. Oestr. Zeitschr. für pract. Heilkunde. 1858. Nro. 10.
1859. 15. Apr. Gazette médicale de Lyon. Beobachtung von Passot.
1858—1859. Gibert, Rapport sur la contagion des accidents secondaires de la Syphilis. Bulletin de l'Académie de médecine 1858—1859 t. XXIV. p. 884.
1859. Third Report of the clinical hospital Manchester, von Whitehead.
1859. Février et Mars. Arch. génér. de méd. Etudes cliniques sur le chancre produit par la contagion de la syphilis secondaire. Rollet.
1859. Gazette des hôpitaux 24. Dec. Dr. Lecoq's Fall in Cherbourg.
1859. Guyenot, de l'inoculabilité de la syphilis constitutionnelle.

1860. Dr. Galligo in Florenz, mémoire sur quelques questions de syphilographie. In Rufina nahe Florenz 14 Kinder syphilitisch durch Vaccine. Siehe S. 9 das Jahr 1857.
1860. Gazetta medica di Milano. t. II.
1860. Archives générales de médecine t. II, Juin, Juill., Sept., Viennois.
1860. Auzias-Turenne, Correspondance syphilographique. — Courrier médical. 30. Mai 1863.
1860. Würzburg, med. Zeitschrift. 1860. I. 159. Fronmüller.

V. Periode. 1860—1867.

1860. Dr. Pietro Pellizzari de Florence, De la Transmission de la Syphilis par l'inoculation du sang. Gazette médicale de Lyon.
1861. 20. Oft. Gazette de l'Association médicale des Etats Sardes. Dr. Pacchiotti über Rivalta.
1861. Wiener Wochenbl. XVII. II. Referat 25. Jan. in der Gesellschaft der Aerzte über Viennois und seine Arbeiten von Dr. Friedinger.
1862. Pacchiotti, Sifilide transmessa per mezzo della vaccinazione. Turin. 1862.

In Umgebung Cremona's 64 Individuen, in Lupara 80 an=
angesteckt durch die Vaccination.
1862. Oestr. Zeitschr. für prakt. Heilkunde VIII. 4. Dr. Glatter's Beobachtung, 72 Individuen im ungarischen Dorfe Csomád infic.
1862. 1. März. L'Imparziale p. 142. Rivalta in Lupara, 80 infic.
1862. March. Med. Times and Gaz. J. Haydon's Fall.
1862. Rendiconto delle tornate dell'academia pontaniana. Napoli. 1862.
1862. Lancet. t. I. p. 567.
1862. L'Union 47. et 71. Melchior Robert's Statistik.
1862. Norsk. Mag. XVI. p. 958. Bidenkap.
1862. 15. Apr. 'l'Union. Girault, läugnet syphilis vaccinata.
Ricord, Gaz. des hôp. 11. u. 12. 1862.
Jaccoud, Gaz. hebd. IX. 3. u. 16. 1862.
Albertetti, Gaz. Sarda 45—47. u. 51. 1861.
Venot, Journ. de Bord. 2. Sér. VII. p. 116. Mars 1862.
Max, Presse méd. 12—16. 1862.
Cullerier, Gaz. des hôp. 25.: vgl. Presse méd. 16. 1862.

} läugnen die Syphilis vaccinata.

1862. Med. Times and Gaz. 8. u. 15. März 1862.
Leitartikel gegen Theorie von Viennois, daß Blut allein Träger sei.
1863. Gaz. de Par. 1. 2. u. 4. Eiftach, gegen Theorie von Viennois.
1862—1863. Devergie, Bulletin de l'Académie, t. XXVIII. p. 664. u. Hérard, Bulletin de l'Acad. t. XXVIII. p. 1189, zwei Fälle von Vaccinal-Syphilis.
1863. II. Lee, Leçons sur la syphilis, de l'inoculation syphilitique et de ses rapports avec la vaccination, traduit de l'anglais par Baudot. Paris. 1863.
1863. Nr. 38. Centralblatt der medicin. Wissenschaft. Hermann.
1864. Paris. Depaul, rapport sur les vaccinations pratiquées en France en 1862.
1864—1865. Viennois, Bulletin de l'Acad. Paris. t. XXX. p. 20. Zwei Beobachtungen von Dr. Abelasio.
1864. Relazione sopra casi di sifilide letta al consiglio provinciale di sanita il 5 marzo 1864 dal dott. Giovanni Innocente. Adelasio, vice-conservatore del vaccino. Bergamo. 1864.
1864. Nro. 53. Wiener med. Wochenschrift. Sigmund.
1864. 16. Juin. Gazette médic. de Lyon p. 293. Dr. Laroyenne.
1864. 22. Oct. Gaz. des hôp. Dr. Sébastien in Béziers.
1865. Viennois, de la Syphilis vaccinale. Paris. 1865.
1865. Dr. Philipeaux, inoculations du vaccin animal à Lyon.
1865. 15. Jan. Revue médicale. Dr. Aliés de Luxeuil hat 1843 in einem Dorfe des Dep. de la Haute-Saône ähnliches Unglück beobachtet, wie es später in Rivalta vorkam.
1865. Dr. Palasciano de Naples, de la vaccination animale. (Gazette médicale de Lyon. 13. Dec. 1864.)
1865. 16. Jan. Gaz. méd. de Lyon. Dr. Rodet.
1865. Alfred Fournier, Recherches sur l'inoculation de la Syphilis.
1865. Leipzig. Bulmerincq, über Findelhäuser als Quelle der Schutzpockenimpfung.
Virchow's Archiv XII. 1857. S. 486. Prof. Faye, Untersuchungen über die durch Vaccination und Syphilisation zu erlangende Immunität; und XXII. 1861. S. 285. Von der Uebertragbarkeit der Syphilis durch Kuhpockenimpfung. Ein neubearbeitetes Kapitel aus der von dem ärztl. Verein zu Genf im Dec. 1860 gekrönten Preisschrift: „Studien über Vaccination und Revaccination." Von Dr. Wilh. Stricker, prakt. Arzt in Frankf. a. M.

Schmidt's Jahrbücher: CXX. 1863. S. 97—109. Bohn, Transmission der Syphilis durch Vaccine; vgl. LXVII. 62. Dr. Wegeler. LXXXIII. 238. Hübner. CII. 30. Bamberger. CX. 45. Fronmüller in Fürth. CIX. 50. Viennois. CXXIX. 1866. S. 315. Bulmerincq, über Findelhäuser als Quelle der Schutzpockenimpfung.
1866. 17. Nov. Gaz. méd. Nr. 46. Neuester bedeutender Fall von syphilis vaccinata (über 30 Kinder inficirt) im Bericht von Depaul der Akademie vorgelegt und einstimmig angenommen. Vergl. damit 1830. Paris. Instruction sur la vaccine, worin die Akademie officiell die syphilis vaccinata für eine Unmöglichkeit erklärt. —

Die seit Anfang dieses Jahrhunderts aufgezählte Literatur gibt in Kürze ein recht anschauliches Bild der verschiedenen Entwicklungsphasen dieser interessanten, Jahrzehnte lang discutirten Frage, mit besonderer Berücksichtigung des Verhaltens der Akademie zu derselben, was wegen der hohen wissenschaftlichen Stellung dieses Instituts hauptsächlich hervorzuheben ist. — Diese Frage war auf's innigste verflochten mit der Frage von der Contagiosität oder Nichtcontagiosität der secundären Syphilis. Zuerst mußte die alte irrthümliche Lehre von der Nichtcontagiosität der secundären Syphilis fallen, ehe die Lehre von der syphilis vaccinata sich Geltung verschaffen konnte. Die Versuche von Waller, Rinecker ꝛc. und ganz besonders die von Pellizzari (1860 in Florenz gemacht) stellten die Contagiosität der secundären Syphilis, namentlich auch des syphilitischen Blutes, außer allen Zweifel. — Ricord, unstreitig einer der ersten Syphilographen, hat gerade durch starres Festhalten an ältern Ansichten, zum Theil noch aus Hunter's Zeit stammend, als Haupt der berühmten Schule „du Midi" *) mit sehr hartnäckiger und scharfer Opposition viel dazu beigetragen, die Entscheidung der Frage der syphilis vaccinata bedeutend zu erschweren, was ihm Depaul auch wiederholt mit Recht zum Vorwurfe macht.

In der ausländischen Literatur sehen wir außer der französischen hauptsächlich die italienische mit einer Reihe namhafter Forscher sehr

---

*) Nach Hôpital du Midi benannt, Specialspital für venerische Männer, im Süden von Paris gelegen, an dem Ricord bis 1865 als Arzt und Lehrer thätig war.

gut vertreten. Es macht erfreulichen Eindruck, zu sehen, wie die Beantwortung dieser wichtigen und schwierigen Frage auch in fremden Ländern mit so großem Eifer angestrebt wurde, daß die Literatur beträchtlichen Zuwachs erhielt. Welch reges wissenschaftliche Streben besonders auf den verschiedenen italienischen Akademieen und Universitäten herrscht, davon konnte ich mich persönlich überzeugen. —

Die folgenden in Kürze geschilderten 25 Fälle von Syphilis vaccinata sind die historischen Facta, auf deren Grund die ganze Lehre von der Existenz der Vaccinal=Syphilis beruht. Es sind fast alle wichtigeren, welche in der Literatur niedergelegt sind, aufgezählt unter genauer Quellenangabe. Die ursprünglichen Mittheilungen lassen leider bezüglich Klarheit und Vollständigkeit oft viel zu wünschen.

Selbst wenn eine scharfe Kritik bei genauer Analyse manchen schwachen Punkt zum Angriffe findet, so ist doch die Anzahl eine so erkleckliche, daß immer noch genug unangreifbares feststeht.

Erster Theil.

Aufzählung sämmtlicher wichtigen Fälle von Syphilis vaccinata in historischer Reihefolge,

mit

gleichzeitiger Anführung gegentheiliger Erfahrungen und Behauptungen.

<small>1805.
Moseley.</small> Die ersten allerdings etwas zweifelhaften historischen Spuren der Syphilis vaccinata stammen aus dem Jahre 1805. In diesem Jahre erschien in London eine Abhandlung mit dem Titel: Moseley, a treatise on the lues bovilla or cowpox. Dr. Moseley war Arzt am königl. Militärspital Chelsea in London. Derselbe hatte ziemlich häufig in Folge der Vaccination Ausschläge beobachtet, welche er in seiner Schrift mit dem Namen „cowpox-itch" (Kuhpockenkrätze) bezeichnete und die wahrscheinlich nichts anderes waren als syphilitische Erscheinungen. Moseley sagt S. 249 in seiner Abhandlung, es sei neue Krankheit, welche man mit Schwefel und Merkur behandeln müsse. —

Diese Abhandlung wurde zwei Jahre später, 1807, von Depping in Paris in's Französische übertragen und diese Ausschläge mit wörtlicher Uebersetzung als gale vaccinale bezeichnet.

<small>1814.
Monteggia.</small> Der seiner Zeit berühmte Professor Monteggia ist der erste, welcher die Existenz der Vaccinal-Syphilis nachzuweisen suchte. Er trug den 17. Febr. 1814 im Institut der Wissenschaften zu Mailand eine Abhandlung über diese Frage vor, in welcher er als Doctrine feststellt,

daß bei der Vaccination eines Syphilitischen eine Pustel sich bildet, welche **beide** Giftarten enthält, durch die Impfung auf andere übertragbar.

Diese Thatsache doppelter Transmission von Syphilis und Vaccina wurde um dieselbe Zeit, 1814, während der jährlichen Impfung in Udine von Prof. Marcolini bestätigt, bei welcher die gleichzeitige epidemieartige Propagation von Syphilis und Vaccina vorkam. — Den 16. Juni 1814 hatte Marcolini von einem kleinen Mädchen, Sciblino, zehn Kinder, und von diesen den 30. Juni dreißig andere geimpft. Diese Kinder wurden fast alle von der lues inficirt, an der mehrere zu Grunde gingen. — Genauere Angaben über diesen Fall liegen nicht vor. Siehe Annali universali di medicina compilati da Annibale Omodei, Milano, 1824.

1814. Marcolini.

Der erste etwas genauer überlieferte bedeutende Fall von verbreiteter Vaccinal-Syphilis ist der öfters citirte des Prof. Gastpard Cerioli aus dem Jahre 1821, welcher von Barbantini in Lucca in seiner Schrift, Del contagio venereo, beschrieben ist, sowie in Omodei's Annali, 1824.

1821. Cerioli.

Ein dreimonatliches Mädchen, Findling, wurde von scheinbar ganz gesundem Kinde vaccinirt. Es entwickelten sich regelmäßige Pusteln, welche zur Impfung von 46 Kindern dienten. Sechs von diesen hatten normale Pusteln, mit welchen weitere 100 Kinder geimpft wurden, welche sämmtlich gesund blieben. Bei fast allen übrigen 40 Kindern der ersten Serie trat an den Stellen der Impfstiche Verschwärung ein mit Induriung der Ränder und der Basis. Später zeigten sich Geschwüre im Mund, an den Genitalien, ferner Hautausschläge, Ophthalmien, Drüsen- und Knochenaffectionen. Mütter und Ammen wurden angesteckt. Von den Männern erwähnt der Bericht nichts. — Die von solchem Unglücke officiell benachrichtigte Sanitätskommission ernennt eine Specialkommission zur genauen Untersuchung. Prof. Cerioli wird deren Sekretär. An der syphilitischen Natur der Krankheit ist gar kein Zweifel. Die in's Spital aufgenommenen Kranken werden innerlich mit Sublimat, äußerlich mit Mercurialeinreibungen behandelt. 19 Kinder starben. Die Uebrigen genasen sehr langsam. *)

---

*) Bei der Discussion hierüber im medizinischen Verein in Stuttgart wurden mit Recht von mehreren Seiten verschiedene Zweifel laut, doch sind keine weiteren Notizen über diesen Fall vorhanden.

1841.
Cerioli.

Zwanzig Jahre später, 1841, beobachtete Prof. Cerioli einen zweiten Fall von Syphilis vaccinata:

Dr. Bellani zu Grumello, bei Pizzighetone, benützte ein Kind aus Cremona's Umgebung, das zwar von syphilitischen Eltern herstammte, aber bei der Vaccination scheinbar ganz gesund war und erst später syphilitisch wurde, zur Impfung von 64 Kindern, welche alle von der lues inficirt wurden. Auch hier wurde Syphilis auf Mütter und Ammen übertragen. Acht Kinder und zwei Frauen starben, die übrigen genasen. — Eine antisyphilitische Behandlung wurde erst später eingeleitet. 1846. 29. Juni, offenes Sendschreiben von Cerioli an Dr. Luigi Mazetti.*)

1830.
Ewertzen.

Ewertzen, Distrikts- und Bataillonsarzt in Frederiksborg (Bibliothek for Läger, — Froriep's Notizen 1832 Nr. 745. Bairisches ärztliches Intelligenzblatt 1854. S. 66) theilt mit: Bei der öffentlichen Vaccination 1830 diente ein scheinbar gesundes Kind, das aber von syphilitischer Mutter stammte, zur erfolgreichen Vaccination von acht Kindern, welche aber hiernach sich inficirt zeigten und die Infection auch auf Mütter und Ammen übertrugen. Die Kranken wurden durch eine Mercurialbehandlung kurirt und zwei dieser Kinder wurden später wieder benützt, um andere Kinder zu impfen, worunter das eigene Kind von Ewertzen, ohne daß letztere syphilitisch wurden.

Im Jahre 1843 soll nach Dr. Aliés de Luxeuil in einem Dorfe des Département de la Haute-Saône ähnliches Unglück, wie später in Rivalta, vorgekommen sein, große syphilitische Epidemie ex vaccina. Allein die Beschreibung ist zu mangelhaft, als daß der Fall hier eingereiht werden könnte. Revue médicale 15. Jan. 1865.

1843.
Haydon.

J. Haydon wurde 1843 zu zwei Kindern gerufen, welche neun und zehn Monate alt, den ganzen Körper mit Pusteln bedeckt zeigten, die durch Kratzen am Kopfe und an den Genitalien in Geschwüre sich verwandelt hatten. Die Kinder starben bald. Drei Wochen zuvor waren sie zu gleicher Zeit geimpft worden von einem Kinde aus, das später ein pustulöses Syphilid hatte und von syphilitischer Mutter stammte. Med. Times and Gaz. March. 29. 1862.

---

*) Cerioli starb erst vor Kurzem in Italien, über achtzig Jahre alt. Er hatte der Frage von der Syphilis vaccinata bis in die neueste Zeit große Aufmerksamkeit geschenkt. — Das oben erwähnte offene Sendschreiben führt den Titel: Della possibilità di communicare la sifilide col mezzo della vaccinazione.

Dr. Pitton veröffentlichte im Dec. 1844 im Journal des con- 1844. Pitton.
naissances médic.-chir. zwei Beobachtungen syphilitischer Infection am
sechsten Tage nach der Vaccination bei einem vierzehn- und einem
dreizehnmonatlichen Kinde. Das erstere starb daran.

Dr. Ceccaldi vaccinirte 1845 von einem gesunden schönen Kinde 1845. Ceccaldi.
in einer Sitzung drei Kinder, zwei Mädchen, Geschwister von zwei
und eilf Jahren, und einen 22monatlichen Knaben aus einer anderen
Familie. Die Impfstiche hatten normalen Verlauf. Einige Zeit
nachher zeigte sich unzweifelhafte constitutionelle Syphilis. Am 35.
Tage nämlich wurde Ceccaldi vom Vater der beiden Mädchen gerufen.
Er fand am anus und den Genitalien derselben zahlreiche syphilitische
Symptome. Ebenso war der Knabe erkrankt, welcher Condylome und
Geschwüre an den Genitalien hatte. Die drei Kinder wurden mit van
Swieten's Liquor kurirt. — Revue méd.-chir. 1853. XIII. 14.

Daß hier die Vaccinepusteln vollständig heilten, ohne, wie in
allen übrigen Fällen, zu verschwären, ist auffallend, weßhalb auch
Viennois glaubt, im vorliegenden Falle sei eine hereditäre latente
Syphilis durch die Vaccination zum Ausbruche gelangt. Bamberger
und Rinecker (Canstatt, Jahresb. 1854 IV. S. 379) schreiben diesem
Falle volle Beweiskraft zu. Bohn hält denselben für einfache Mysti-
fikation Ceccaldi's von Seiten der schuldbewußten Eltern, welche die
Vaccination als Deckmantel benützen, um ihre eigenen Sünden zu verbergen. Schmidt's Jahrb. 1863. CXX. S. 104.

Den bis jetzt aufgezählten Fällen hatten die Aerzte noch nicht
die verdiente Aufmerksamkeit geschenkt. Die meisten Aerzte hielten die
Transmission der Syphilis durch die Vaccination für unmöglich und
suchten sich die erwähnten Fälle mit der Annahme einer latenten here-
ditären Syphilis zu erklären, deren Ausbruch durch die Vaccination
hervorgerufen worden sei. Diese Erklärung mag wohl für einen Theil
der Fälle passen, kann aber gewiß nicht für alle gelten. Die Fälle, in
welchen latente Syphilis durch die Vaccination wach gerufen wurde,
und die Fälle, in welchen die Syphilis vorher Gesunden inoculirt
wurde, sind strenge auseinander zu halten. Zu ersteren mögen gerechnet werden die Fälle von Pitton, Ceccaldi, einige von Whitehead. —
Die Vaccine mit kürzerem Incubationsstadium entwickelt sich zuerst
und ist fast abgelaufen, ehe Syphilis mit längerem Incubationssta-

bium sich lokalisirt. Wird mit der Vaccine auch Syphilis inoculirt, so verwandeln sich die Vaccinepusteln später in syphilitische Geschwüre. Dieses erste lokale Symptom nimmt einen sehr chronischen Verlauf. Allgemeine Symptome mit Hautausschlägen, Condylomen, kommen erst in der sechsten, neunten und zehnten Woche und später. Anders verhält es sich dagegen mit der durch die Vaccination geweckten latenten Syphilis. Hier sehen wir als erste Symptome gleich die allgemeinen syphilitischen Erscheinungen, insbesondere Hautausschläge, ohne vorhergehenden lokalen Erscheinungen mit Verschwärung der Impfstellen.

<small>1831.
Bibart.</small> Im Jahre 1831 veröffentlichte Dr. Bibart, Arzt in Pas, Département Pas de Calais, einen Artikel, Essai sur la Contagion de la Syphilis par l'inoculation vaccinale im Journal de médecine et chir. prat. t. II. p. 85. 3. cah., worin er auf Grund seiner Beobachtungen und Erfahrungen die Syphilis vaccinata für eine Unmöglichkeit erklärt. Bibart hatte im März 1830 ein siebenmonatliches Kind mit Erfolg vaccinirt. Nach acht Tagen vaccinirte er damit vier weitere Kinder im Alter von fünf bis sechs Monaten. Nach einigen Tagen wird Bibart zur Amme des ersten Kindes gerufen, welche über starke Schmerzen in der Kehle klagte. Er fand an verschiedenen Stellen des Körpers syphilitische Geschwüre. Die Amme erklärte auf's Bestimmteste, erst seitdem sie das Kind stille, fühle sie sich krank. Das Kind zeigte an den Genitalien syphilitische Geschwüre und kupferrothen fleckigen Ausschlag über den ganzen Körper verbreitet. Kind und Amme wurden mit Merkur kurirt. Bei den vier andern Kindern war keine Spur von Syphilis. Den 2. Juli 1831 vaccinirte Bibart ein vierjähriges Kind, in hohem Grade mit hereditärer Syphilis behaftet, mit bedeutenden Verschwärungen an den Genitalien. Es bildeten sich normale Pusteln, von welchen Bibart am siebenten Tag ein vier- und ein siebenmonatliches Kind vaccinirte und zwar beide mit Erfolg ohne Spur von Syphilis.

Bibart's Schlüsse waren:
1) Die Vaccinalpustel behält trotz bestehender Syphilis ihre Wirkung,
2) Vaccinallymphe bleibt in ihren Eigenschaften unverändert und verbindet sich nicht mit andern Giften.

Es existirt keine Vaccinal-Syphilis!

Diese Ansichten Bibart's wurden auch von der Société de médecine de Paris, in welcher 1839 diese Frage zur Discussion kam, angenommen.

Prof. Heim in Württemberg, Darstellung der Pockenseuche 1838, und der frühere Pariser-Impfdirektor Bousquet (siehe Bousquet, traité de la vaccine. Paris 1833. und Nouveau traité. 1848.) hatten ähnliche Erfahrungen gemacht. *Heim und Bousquet.*

Prof. Sigmund in Wien begann schon 1842 eine Reihe interessanter Versuche über Inoculation verschiedener mit Schankereiter gemischter normaler und pathologischer Sekretionsflüssigkeiten, besonders auch mit Vaccinallymphe. Beide Flüssigkeiten waren jedesmal gleichmäßig gemischt. — Das Resultat war, daß der Schankereiter seine ansteckende Kraft nicht verliert, insbesondere mit Vaccinallymphe gemischt deren Eigenschaften vernichtet und Schanker verursacht. *Sigmund.*

Dr. Friedinger (Hauswundarzt im k. k. Findelhause) in Wien machte analoge Versuche und veröffentlichte 1854 und 1855 deren Resultate, welche die Sigmund's bestätigen (Wiener Zeitschr. S. 428 bis 433. 1854. u. 1855. S. 159, sowie 1855 Zeitschr. d. Ges. der Aerzte zu Wien.) *Friedinger.*

Viennois kritisirt diese Versuche als ungenügend nach Inhalt und Anzahl (zuerst vier Versuche, die bei näherer Prüfung auf einen sich reduciren und dann 11, von welchen auch nur einer als gelungen gelten kann.)

Böck in Christiania impfte mit Gemisch von Vaccinallymphe und Schankersekret sieben sekundär syphilitische, vorher nicht vaccinirte Kinder und sah nur syphilitische Geschwüre sich bilden. Der acht Tage später gemachte Controllversuch, Inoculation mit reiner Vaccinallymphe, ergab normale Kuhpocken. *Böck.*

Girault impfte 1845 das vierwöchentliche scheinbar gesunde Kind einer syphilitischen Frau. Von dessen vortrefflich entwickelten Vaccinapusteln impfte er 21 Kinder und 8 Tage später von diesen letzteren weitere 31 Kinder. Alle diese Kinder blieben gesund, während bei dem ersten Kinde schon 18 Tage nach der Impfung constitutionelle Syphilis ausgebrochen war, an der es, vier Monate alt, starb. *Girault.*

1849 impfte Girault den Sohn eines syphilitischen Mädchens; von der Lymphe desselben impfte er 11 Kinder, von diesen wieder 20 und von letzteren 8. Diese 39 Kinder blieben gesund. Der Knabe dagegen, von dessen Lymphe zuerst vaccinirt wurde, war einen Monat später an seinem ganzen Körper mit einem pustulösen Syphilid bedeckt.

<small>Montain.</small> Dr. Montain erklärte 1848 in der Société de médecine de Lyon (siehe: Journal de médecine de Lyon. 1848.), er habe 30 Kinder impfen sehen mit Vaccine von syphilitischem Kinde, ohne daß ein einziges erkrankt sei.

<small>Schreier.</small> Med.-Rath Schreier in Regensburg (Bair. Intelligenzblatt für Aerzte. 1854. S. 158) hat im Juli 1850 zwei hochgradig syphilitische Kinder mit Erfolg geimpft und mit Wissen der durch Geldgeschenke und Versprechungen gewonnenen Mütter auf deren gesunde Kinder übertragen, ohne daß eines angesteckt worden wäre. Auch bei der Weiterimpfung trat kein Krankheitsfall ein.

Die hier vorliegenden Thatsachen, welche von Bibart, Sigmund, Friedinger, Böeck, Girault, Heim, Bousquet, Schreier, beobachtet wurden, erschwerten die Entscheidung der Frage von der Syphilis vaccinata und geben zugleich einen Einblick in die vielen Schwierigkeiten und Widersprüche, durch welche die definitive Beantwortung dieser Streitfrage verzögert und erst nach Jahrzehnte langem Forschen ermöglicht wurde.

Die den Versuchen von Sigmund, Friedinger, Böeck entgegenstehenden von Sperino und Baumès in Turin 1853 angestellten Experimente werden später erörtert werden.

<small>Biani's int. Fall von V. S.</small> Sehr interessanter Fall von Syphilis vaccinata ist unstreitig der vom italienischen Arzte Dr. Biani in der Gazetta medica Lombarda 1849, allein leider mangelhaft und unklar mitgetheilte:

Madame N. N. war aus Aegypten nach Italien zurückgekehrt. Okt. 1838 kam sie nieder und stillte ihr Kind selbst. Nach einiger Zeit bekam sie (syphilitische) Verschwärungen der Brustwarze. Sie übergab ihr Kind einer Amme. Diese zeigte bald deutliche Zeichen von Syphilis. Ebenso erging es einer zweiten, dritten und vierten Amme. Die letztere stillte noch ein zweites Kind daneben, das bald Geschwüre im Mund bekam und zu Grunde ging. — Das Kind der Frau N. N. wurde nun der Pflege von zwei Onkeln anvertraut. Außer einer Ophthalmie hatte das Kind damals kein Zeichen einer Krankheit. Es wurde in dieser Zeit vaccinirt.

Da eine Variolaepidemie herrschte, wollte ein Onkel, 28 Jahre alt, und eine Tante, 23 Jahre alt, sich revacciniren lassen und zwar nur mit Vaccine von ihrem Neffen genommen, dessen Antecedentien Dr. Biani damals nicht im Entferntesten kannte. Zuerst ging bei den

Vaccinirten alles gut. Später bildeten sich zuerst beim Onkel Ausschläge, über den ganzen Körper verbreitet, (Krusten), dann Verschwärungen an verschiedenen Körperstellen und Exostosen. Auch die Tante erkrankte an schweren Symptomen sekundärer Syphilis, Geschwüre an vulva, Condylome am After, Drüsenanschwellungen und Augenentzündungen. Beide waren über fünf Jahre krank in Folge dieser Vaccination. — Ueber das spätere Schicksal des Neffen liegen keine Notizen vor.

Die bisherigen Fälle von Vaccinal-Syphilis waren fast alle in Italien vorgekommen. —

Im Jahre 1849 ereignete sich in Norddeutschland ein Fall von Syphilis ex vaccina, welcher peinliche Sensation machte und diese Frage in ihrer ganzen Wichtigkeit selbst den Gleichgültigen und Zweiflern zeigte. Der Fall wurde den 3. April 1850 in einer Berliner medicin. Zeitschrift von Dr. Wegeler mitgetheilt. Preuß. Ver.-Ztg. 1850. Nro. 14. Schmidt's Jahrb. LXVII. 62.

1849. Fall von V. S. in Preußen.

Anfang des Jahres 1849 war in Coblenz eine Pockenepidemie. Es wurden deßhalb viele Revaccinationen gemacht und vom 14.—15. Febr. 1849 wurden vom Wundarzt B. 10 Familien, zusammen 26 Personen, revaccinirt. Die einzelnen Mitglieder dieser Familien erkrankten fast sämmtlich und es zeigten sich später an den Stellen der Impfstiche Geschwüre mit syphilitischem Charakter, dazu kamen Hautausschläge, anginen, ꝛc. Es waren 19 Personen im Alter zwischen 11—40 Jahren erkrankt.

Der Impfstoff, welcher zu diesen verhängnißvollen Inoculationen gedient hatte, war von einem starken und scheinbar ganz gesunden Kinde genommen worden, was später durch eine Reihe von Zeugnissen vor Gericht bestätigt wurde. Das Kind war nach vorheriger genauer Untersuchung den 4. Febr. geimpft worden. Auch am Tage der Revaccination, den 13. Februar, war das Kind noch einmal untersucht worden und man konnte keine Spur von Syphilis finden. Später aber bekam es verdächtige Ausschläge. Dr. E. sah das Kind 21. Febr. und constatirte syphilitische roseola. Am 24. Febr. starb das Kind an hydrocephalus.

Wundarzt B. wurde vom Gerichte zu zwei Jahren Gefängniß und 50 Thalern verurtheilt.

An diesen traurigen Fall schließt sich ein ähnlicher in Süddeutschland an, welcher 1852 in Baiern vorkam und weithin bekannt ist.

Dieser Fall hatte allgemein den tiefsten Eindruck gemacht und ganze Literatur hervorgerufen:

1852. Fall von Dr. Hübner in Bayern. Dr. Hübner, Landgerichtsarzt zu Hollfeld in Baiern, Kreis Oberfranken, impfte am 16. Juni 1852 zu Freienfels 13 Kinder, welche ganz gesund waren und von gesunden Eltern stammten, mit der Lymphe des dreimonatlichen unehelichen Kindes der 29jährigen Keller in einer und derselben Sitzung. Fünf von diesen Kindern blieben gesund und vom ersten Kinde aus, (Geiger), wurden weitere 25 Kinder geimpft, welche auch gesund blieben, bis auf eines, das syphilitisch wurde. Von den in erster Sitzung geimpften 13 Kindern waren acht syphilitisch geworden und von einem dieser letzteren, Blöser, waren 25 bis 30 Kinder einer andern Gemeinde geimpft worden, von welchen später eines syphilitisch wurde. Die Vaccinapusteln, welche meist erst gegen den 15. Tag sich gehörig entwickelten, verwandelten sich bald in Geschwüre. Später kamen Hautausschläge und Feigwarzen. Mütter und Ammen wurden angesteckt und bekamen alle Symptome sekundärer Syphilis.

Erst am 10. Febr. 1853, also nach Verfluß von acht Monaten, wurde eine ärztliche Behandlung eingeleitet. Es wurde bei dem Stadtgerichte in Bamberg Klage gegen Dr. Hübner erhoben. Am 21. Febr. 1853 wurde von der Regierung ein Arzt zur Untersuchung abgeschickt, welcher in seinem Bericht erklärt, es sei Syphilis bei acht Kindern und neun Müttern, resp. Ammen, in hohem Grade vorhanden.

Ein weiterer auf die Stelle des Unglücks hin beorderter Arzt bestätigte diese Thatsachen in seinem Berichte vom 7. März. Jenes uneheliche Kind war am 4. März 1852 geboren und 4. Juni geimpft. Dr. Hübner fand es ganz gesund, doch erklärte die Mutter, das Kind habe schon am 4. Juni drei Pusteln am Beine gehabt, welche sich nach oben und unten ausbreiteten. Es schlief mit der Mutter und einem andern Kinde im gleichen Bette, ohne eines anzustecken. Genauere Untersuchung der Mutter am 10. und 15. März 1853 ergab keine Spur von Syphilis, doch sagte die Hebamme aus, die Mutter habe früher verdächtige Ulcerationen an den Genitalien gehabt; ferner seien fünf Personen einer Familie, in der sie Magd war, erkrankt und haben gleichfalls Ulcerationen bekommen. — Das Kind, welches so viel Unheil angerichtet hatte, starb zwei Monate nach der Impfung, 6. Aug. 1852. — Bei der ersten Instanz war gegen Dr. Hübner Klage erhoben „wegen 17 Vergehen fahrlässiger Körperverletzung durch Gift und Vernachlässigung besonderer Amtspflichten." Das Urtheil lautete:

1 Jahr Gefängniß, Absetzung, Kostenersatz. Am 3. u. 4. Dec. 1853 wurde die Sache vor dem Appellationsgericht von Oberfranken in Bamberg verhandelt. Dieses erhöhte die Strafe auf 2 Jahre Festung „wegen Vergehens der Körperverletzung aus grober Fahrlässigkeit, begangen gegen acht Personen durch Gift", sprach ihn aber von der „Verletzung besonderer Amtspflichten aus Vorsatz" frei.

Das Oberappellationsgericht zu München hob 10. Januar 1854 dieses Urtheil auf, „weil der Begriff „Gift" falsch angewendet sei, und weil nur von einem Vergehen, nicht aber von acht, die Rede sein könne." 17. und 18. Mai 1854 nochmalige öffentliche Verhandlung. Als Sachverständige fungirten Dr. Heyfelder, Professor in Erlangen und Dr. Heine, damals Stadtgerichtsarzt in Bamberg. Die vorgelegten Fragen wurden von den beiden Experten im entgegengesetzten Sinne beantwortet.

I. Ist es sicher oder wahrscheinlich, daß das Kind der Keller am 16. Juni 1852 syphilitisch war?

Dr. Heyfelder: Es läßt sich weder mit Gewißheit noch mit Wahrscheinlichkeit vom medizinischen Standpunkte ermitteln, daß den 16ten Juni 1852 das Kind der Marg. Keller syphilitisch war.

Dr. Heine: Wenn nicht mit Gewißheit, so läßt sich doch mit größter Wahrscheinlichkeit annehmen, daß das Keller'sche Kind syphilitisch war, was sich zwar nicht vom medizinischen Standpunkt, sondern aus der Lebensgeschichte des Kindes ergibt. —

II. Ist es sicher oder wahrscheinlich, daß die Erkrankung von acht Kindern zu Freienfels an Syphilis durch Uebertragung syphilitischen Stoffes bei der Impfung am 16. Juni 1852 veranlaßt wurde?

Dr. Heyfelder: Wenn auch nicht zu bezweifeln ist, daß die primäre sowohl als die sekundäre Syphilis übertragen werden kann; so muß doch im gegebenen Falle der höchste Zweifel obwalten, weil einmal nach meiner bei der ersten Frage ausgesprochenen Meinung das Keller'sche Kind nicht mit Bestimmtheit als an Syphilis leidend erkannt werden konnte, andrerseits nach Lage der Akten es ebenso unbestimmt ist, ob die vom K.'schen Kinde abgeimpften und später erkrankten Kinder wirklich an Syphilis erkrankt waren.

Dr. Heine: Es ist unzweifelhaft, daß die am 16. Juni 1852 vom Keller'schen Kinde abgeimpften und später erkrankten Kinder durch diese Impfung syphilitisch erkrankt sind.

III. Ist es möglich mit der Vaccina Syphilis auf einen andern Organismus zu übertragen?

Dr. Heyfelder: wenn sich das syphilitische Gift an der Impfpustel nicht zufällig lokalisirt hat, ist die Uebertragung der Syphilis nicht möglich, und zwar läßt sich solches sowohl nach dem Stande der Wissenschaft als durch die Erfahrung rechtfertigen.

Dr. Heine: Es ist die Uebertragung der Syphilis durch die Vaccine nicht allein nur möglich, sondern die Syphilis wird nach meiner Ueberzeugung durch die Vaccine verjüngt und daher in ihrer Wirkung noch intensiver gemacht.

IV. Ob es schwer war die Syphilis an dem erkrankten K.'schen Kinde zu erkennen?

Dr. Heyfelder: Diese Frage wird man mir nicht vorlegen können, da ich von vornherein das K.'sche Kind nicht für syphilitisch erklärt habe. — Die hierauf vom Oberstaatsanwalt dahin geänderte Frage: War es räthlich oder thunlich, von dem Keller'schen Kinde nach dem von den Zeugen beschriebenen Zustand andere Kinder abzuimpfen, beantwortete Dr. Heyfelder: Wenn es wahr ist, daß das Keller'sche Kind so ausgesehen, wie in den Zeugenaussagen beschrieben, so hätte nach den bestehenden Dienstesinstruktionen für Gerichtsärzte von diesem Kinde nicht abgeimpft werden sollen.

Dr. Heine: Wenn ich bisher strenge mich haltend auf dem Boden der Wissenschaft, meiner Erfahrung und persönlichen Ueberzeugung, die vorher mir vorgelegten Fragen mit einem bestimmten „Ja" beantwortet habe, so erkläre ich jetzt ebenso bestimmt, daß der nun seit 30 Jahren auf dem Lande lebende und wirkende Kollege die Krankheit des Keller'schen Kindes nicht hat erkennen können und daß ihm dieses Nichterkennen nicht einmal zum Vorwurf zu machen ist.

V. Ist Syphilis Gift?

Dr. Heyfelder: Ich erkläre die Syphilis für ein Contagium und nicht für ein Gift, und da die Grenze zwischen Gift und Nichtgift schwer oder vielmehr gar nicht zu finden ist, so schließe ich mich einer in dieser Sache bereits früher ausgesprochenen Meinung (Gerichtsarzt Rapp) an, daß nämlich das syphilitische Contagium der Pathologie und nicht der Toxicologie angehöre.

Dr. Heine: Ich erkläre die Syphilis für Gift und zwar für ein Vertragsgift weil es 1) contagiös ist, 2) weil es heimlich beigebracht

werden kann, 3) weil den Folgen desselben der Charakter des Siech=
thums und der Lebensgefährlichkeit nicht abgesprochen werden kann.
Am 24. Mai wurde Hübner der Körperverletzung durch Fahr=
lässigkeit schuldig erkannt und zu sechs Wochen Gefängniß und Kosten=
ersatz verurtheilt. Siehe Prozeß Hübner von Friedinger, Heyfelder,
Heine, Schmidt's Jahrbücher LXXXIII. 238.

Dieser Prozeß hat überall das peinlichste Aufsehen erregt und
die gerichtliche Verurtheilung eines wackern Arztes von 30 Jahren
tadellosen Dienstes machte die noch strittige Frage von der Vaccinal=
Syphilis, welche die Wissenschaft, damals Thatsachen gegen That=
sachen stellend, ungenügend beantwortete, zu einer brennenden. In
Deutschland ganz besonders wurde sie sehr lebhaft pro et contra
diskutirt. Siehe das bayr. med. Intelbl. 1854 Nr. 10. Dr. Pauli
in Landau absolvirt Dr. Hübner vollständig auf Grund des damals
noch feststehenden Lehrsatzes von der Unübertragbarkeit der sekundären
Syphilis (Ricord).

Dr. Heine antwortete in Nro. 25, sowie mit besonderer Schrift,
Beiträge zur Lehre von der Syphilis in ihrer Verbindung mit Vacci=
nation und Diphtheritis, Würzburg 1854. Diese Schrift ist in
Nr. 34 obigen Blattes von Dr. Friedrich recensirt, welcher sich ent=
gegengesetzt ausspricht. Auch im Auslande, in Frankreich, England
und Italien hatte die vorliegende Frage lebhafte Erörterungen her=
vorgerufen und überall war man bemüht, sie richtig zu entscheiden.
Allein erst in unserer Zeit konnte sie sicher beantwortet werden.

Zu den interessantesten und wichtigsten Versuchen, welche zur *1853.*
Beantwortung vorliegender Frage vorgenommen wurden, gehören die *Sperino=*
Experimente der italienischen Aerzte Dr. Sperino und Baumès, die, *Baumès.*
wie schon erwähnt, 1853 in Turin mit großer Sorgfalt angestellt
wurden, um zu konstatiren, ob wirklich, wie Sigmund in Wien an=
gab, der Schankereiter die Vaccina vernichte und ob keine Trans=
mission möglich sei. Es wurde Vaccinallymphe mit Schankereiter zu
gleichen Theilen gehörig gemischt und sieben Frauen damit inoculirt,
unter welchen die 22jährige Madeleine Picciura weder Variola noch
Vaccina gehabt hatte. Zuerst hatten die Pusteln bei allen Sieben
einen vaccinalen Charakter, welcher bei der Picciura ganz besonders
ausgesprochen war, und gingen erst später in syphilitische Geschwüre

über, gerade wie wenn reiner Schankereiter inoculirt wäre. Später
unternommene Probe-Vaccination schlug fehl.

Sperino und Baumés behaupten nun auf Grund dieser Versuche:
1) Schankereiter vernichtet nicht Eigenschaften der Vaccine.
2) Transmission der Syphilis durch Vaccine ist möglich.

Sigmund und Friedinger behaupten das Gegentheil auf Grund
ihrer Versuche (siehe S. 19). Diese im Einzelnen hier zu analysiren
würde viel zu weit führen und ich verweise auf die gute Detail=
kritik von Viennois, welcher sich zu Gunsten von Sperino=Baumés
ausspricht.

1855. General board of health. Die dritte Frage des General board of health 1855 aus An=
laß der parlamentarischen Debatten über Impfzwang den bedeuten=
den Aerzten (539) aller Länder vorgelegt, lautet: „Haben Sie Grund
zu glauben, daß die aus einer Pustel von unzweifelhaft vaccinaler
Natur genommene Lymphe dem geimpften Individuum jemals die
Syphilis, die Scrofeln oder eine andere Krankheit mitgetheilt hat?

Die Antworten lassen sich in vier Kategorien bringen.

1) Die Frage wird kurzweg verneint — theils aus theore=
tischen Gründen — wegen der Eigenartigkeit der Ansteckungsstoffe,
die sich nicht vermischen — theils aus langer reicher Erfahrung:
Chomel, Rostan, Rayer, Velpeau, Ricord, die meisten englischen Aerzte.

2) Möglichkeit der Vaccinal=Syphilis auf Grund direkter mit
Versuchen gelieferter Beweise bestritten. Oppolzer, Sigmund, Hebra
und die übrigen Aerzte der Wiener Schule. Sir John Simon, wel=
cher Referent in dieser Sache war, schloß sich denselben an.

3) Möglichkeit wird zugegeben.

4) Nicht bloß Möglichkeit zugegeben, sondern die Uebertragung
durch eigene oder fremde Erfahrung als Thatsache hingestellt:
Bamberger, Rinecker, Whitehead u. a. — Schmidt's Jahrb. 1863.
CXX. 99.

Wir sehen also auch hier wieder die Frage unentschieden blei=
ben trotz des massenhaft für und wieder angehäuften Materials. Es
standen Thatsachen und Versuche gleich bewährter Männer gegen
einander und der aus solchem Labyrinthe führende Faden war noch
nicht gefunden. — Dieses Verdienst gebührt mit Recht dem Dr. Vien=
nois in Lyon, welcher, wie wir später sehen werden, nach sorgfäl=
tigster Bearbeitung und Sichtung des bedeutenden Materials diese
Frage von einer ganz neuen Seite in Angriff nahm und hierdurch

ihre Entscheidung anbahnte (Archives générales de médecine 1860. Juin, Juill., Sept.)

Aus dem Jahre 1854 hat Dr. Monnell 2. Aug. in New-York Medical Times einen Fall veröffentlicht, in welchem bei einem 6jährigen Kinde, das von gesunden Eltern stammte und vorher ganz gesund war, 3 Monate nach der Vaccination konstitutionelle Syphilis auftrat. Das Kind war in Lebensgefahr und über 3 Jahre krank.
   In Lyon kam 1855 folgender Fall vor, welcher in der Gazette médicale de Lyon 16. Jan. 1865 erwähnt ist: 25. Aug. 1855 kam zu Dr. Robet in Lyon eine Frau, welche ein fünfmonatliches Kind stillte. Das Kind hatte 14 Tage nach der Geburt Ausschlag erhalten, dann subcutane Abscesse an verschiedenen Orten, Condylome an den Genitalien. Es sah sehr kachektisch aus. Die Frau, welche es stillte, hatte an der Basis der linken Brustwarze ein Geschwür von der Größe eines Franken. Die Achseldrüsen waren geschwollen. Die Frau sagte aus, erst seit sie das Kind stille, sei sie krank. Ihr eigenes Kind, sowie ihr Mann, wurden bei genauer ärztlicher Untersuchung ganz gesund erfunden. — 4 Tage später kam eine andere Frau zu Dr. Robet, welche ihm ein kleines Mädchen brachte, das an ausgesprochener Lues litt. Die Mutter, welche ganz gesund war, erzählte, ihr Töchterchen sei vor 4 Monaten mit der Vaccine obigen (syphilitischen) Kindes geimpft worden, das damals 1 Monat alt war.
   Ein bemerkenswerther Fall ist der vom Comitatsphysikus Dr. Glatter in Dispon in den Jahren 1855—1857 beobachtete. S. östr. Zeitschrift für praktische Heilkunde VIII. 4. 1862.
   In dem ungarischen Dorfe Ciomád, 3 Meilen oberhalb Pesth, hatte die Hebamme eine syphilitische Frau entbunden und ein Geschwür am Arm bekommen, durch welches ihr kleines Enkelkind angesteckt wurde. Dieses diente scheinbar ganz gesund, 1855 vaccinirt, zur Impfung von vielen andern Kindern. Diese wurden syphilitisch und steckten ihre Mütter, diese ihre Männer an, so daß im Jahre 1857 im Dorfe, das circa 650 Einwohner zählte, 72 Individuen inficirt waren. —.
   Im Neapolitanischen zu Lupara ereignete sich 1856 ein ähnlicher entsetzlicher Fall einer syphilitischen Epidemie ex vaccina. (Siehe Sifilide transmessa per mezzo della vaccinazione von Dr. Pacchiotti,

Professor in Turin 1862. — Lancet 1862. — Dr. Lee, Vorlesungen über syphilitische Inoculationen, von Baudot 1865 aus dem Englischen in's Französische übersetzt. Der Fall wurde erst 1862 aus Anlaß des in Rivalta vorgekommenen Unglückes publizirt.

Dr. Marone vaccinirte in den ersten Tagen Novembers 1856 eine Anzahl Kinder mit Vaccine in Glasröhrchen aus der nächsten Stadt Campo-Basso ihm zugeschickt, ein wenig mit Blut gefärbt, obwohl im Uebrigen klar. — Das erste Kind Listorti war ganz gesund und von ihm aus wurden weitere 22 gesunde Kinder, von gesunden Eltern stammend, vaccinirt. Alle diese Kinder wurden syphilitisch. Meist gegen Mitte Januar 1857 zeigten sich Ausschläge, dann Condylome an den Lippen, in der Mundhöhle, an den Genitalien. Mütter, welche ihre Kinder stillten, wurden ihrerseits syphilitisch, zuerst mit lokalen, dann mit allgemeinen Erscheinungen. Von den Müttern wurde die Syphilis auf die Männer übertragen, auf Töchter, auf Söhne, so daß ganze Familien angesteckt wurden. Schwangere Frauen kamen vor der Zeit oder zur Zeit mit todten oder kachektischen Kindern nieder. Mercurialbehandlung hatte nur langsamen Erfolg. Marone hatte von dem erst vaccinirten Kinde Vaccine genommen und am 2. Jan. 1857 elf Kinder geimpft, bei welchen ähnliche traurige Folgen eintraten, so daß ganze Familien unglücklich gemacht wurden. In Toto waren 80 Personen erkrankt in den 2 Ortschaften Lupara und Molifo zusammen.

White-head.

Dr. Whitehead in Manchester, nach seinem Report of the clinical hospital vom 1. Jan. 1856 bis Ende Okt. 1858 hatte 2584 Kinder in Behandlung, hievon 63 mit konstitutioneller Syphilis, wovon 34 (richtiger 14) wahrscheinlich ex vaccina. Whitehead hat noch weitere Beobachtungen hierüber veröffentlicht.

Folgender Fall ist nicht vollständig mitgetheilt: 1857 impfte Dr. Galligo in Rufina bei Florenz viele Kinder von scheinbar gesundem, später aber syphilitisch gewordenem Kinde. 8—14 Kinder wurden syphilitisch. Gaz. hebd. de Paris 1860, p. 519. —

1858. Lecoq.

Dr. Lecoq in Cherbourg revaccinirte 4. März 1858 zwei Soldaten, welche ganz gesund waren, mit Vaccine von einem andern Soldaten, bei dem große normale Pusteln waren. Beide Soldaten hatten acht Tage nach der Impfung an den Impfstellen beginnende (syphilitische) Verschwärungen, welche sich vertieften und indurirten, später allgemeine syphilitische Erscheinungen. Es stellte sich nun heraus, daß jener andere Soldat vor drei Monaten an inburirtem Schanker gelitten hatte. Gaz. des hôp. 24. Dec. 1859.

Ein ebenso trauriger Fall wie in Lupara trug sich 1861 in Rivalta zu, einem italienischen Orte von 2000 Einwohnern. Siehe Gaz. medica italiana 1861. Pacchiotti's cit. op. Dr. Coggiola vaccinirte in Rivalta das Kind Giovanni Chiabrera, 10 Monate alt, ganz gesund. Der Impfstoff war ihm aus der nächsten Stadt in Haarröhrchen zugeschickt worden. Zehn Tage später vaccinirte er damit in einer Sitzung 46 gesunde Kinder. Eines der letzteren, Manzone, diente zur Vaccination von weiteren 17 Kindern, im Ganzen also 63. Hievon wurden in 2 Monaten von den ersten 46 — 39, von letzteren 17 — 7, in Toto 46 syphilitisch. Die syphilitische Infection erschien in Mittel den 13. oder 14. Tag nach der Vaccination, bei einigen erst zwei Monate nachher. Sieben Kinder starben vor Einleitung der antisyphilitischen Behandlung. Die Kinder hatten ihre Mütter, Ammen angesteckt, die Frauen ihre Männer, so daß ganze Familien syphilitisch wurden. Im Ganzen waren über 80 Personen erkrankt. Erst am 7. Okt. erschien eine medizinische Spezialkommission in Rivalta. Es war für dieselbe gar kein Zweifel, daß dieses große Unglück durch gleichzeitig mit der Vaccination erfolgte Inoculation von sekundärer Syphilis entstanden war. Manzone war 3 Monate nach der Impfung gestorben, Chiabrera blieb, obwohl sehr marastisch, am Leben. Sieben Monate nach der Impfung schlug eine an fünf der von Syphilis genesenen Kinder vorgenommene Probe-Revaccination fehl.

Der bekannte von Trousseau im Hotel Dieu 1861 beobachtete Fall ist kurz folgender:

Am 6. Sept. 1861 trat eine junge 18jährige Frau wegen eines Uternskatarrhs in die Klinik von Trousseau. Genaue Untersuchung ergab keine Spur von Syphilis. Da eine Pockenepidemie ausbrach, wurde sie revaccinirt. Zugleich mit der Frau wurden vier Kinder geimpft, bei welchen alles gut ging. Nur bei der jungen Frau war ein negatives Resultat, das aber, weil sie schon als Kind mit Erfolg geimpft war, weiter nicht beachtet wurde. Nach ihrer Entlassung (9. Nov.) aus dem Spital, kehrte sie einen Monat später, im Dezember wieder zurück, klagte sehr über ihren Arm, welcher an der Impfstelle zwei große Pusteln zeigte, die sich in Geschwüre verwandelten; diese waren über drei Monate offen. Ricord und alle

Aerzte, welche auf die Einladung Trousseau's hin die Kranke unter=
suchten, erklärten, sie hätte auf dem Arm zwei indurirte Schanker,
höchst wahrscheinlich ex vaccina. Die übrigen Erscheinungen seien
die der konstitutionellen Syphilis.

1863. Chassaignac. Chassaignac stellte am 26. Aug. 1863 der Société de Chir.
in Paris ein 2jähriges Kind vor mit Syphilis vaccinata.

Devergie und Hérard. Im gleichen Jahre 1863 brachten Devergie und Hérard zwei
Fälle von Vaccinal=Syphilis in der Académie de médecine vor.
Bullet. de l'Académie XXVIII. p. 664, Mai 1863 u. p. 1189.

1864. Adelasio. Von Viennois in Lyon wurden den 11. Okt. 1864 der Akademie
zwei Beobachtungen des Dr. Adelasio aus Bergamo mitgetheilt.
Relazione sopra casi di sifilide letta al consiglio provinciale di
sanita il 5 marzo 1864 dal dott. Giovanni Innocente Adelasio vice
conservatore del vaccino. Bergamo 1864.

a) Am 15. Mai 1862 vaccinirte Dr. Quarenghi, Arzt in Torre
de Busi, sechs Kinder im Alter zwischen 4 und 11 Monaten, von
welchen fünf syphilitisch wurden. Mütter, Ammen, Gatten wurden
angesteckt. Im Ganzen waren es 23 Opfer, von welchen vier starben.
Den 23. Mai 1862 diente das fünfte später syphilitische Kind zur
Vaccination von neun andern Kindern, welche gesund blieben. Den
31. Mai diente eines dieser neun zur Vaccination von drei andern
Kindern, welche auch gesund blieben.

b) Den 21. Sept. 1863 diente das Töchterchen eines Land=
arztes zur Impfung von zwei Kindern, welche beide syphilitisch wur=
den und von welchen eines seine Mutter ansteckte.

1864. Séba- stien. Dr. Sébastien, Chefarzt der Maternité in Béziers, Département
de l'Héroult, berichtet in Gaz. des hôp. 22. Okt. 1864 folgenden
bemerkenswerthen Fall, der zwar auch angezweifelt worden ist:

19. Mai 1863 vaccinirte er zwei Kinder, bei dem ersten Kinde
mit der Vorsicht, daß der Vaccinallymphe sich kein Blut beimischte,
beim zweiten Kinde trat beim Abimpfen durch starke Bewegung des
Impfträgers leichte Blutung ein, aber erst beim letzten Stich. Das
erste Kind blieb gesund, das zweite wurde syphilitisch nach 22 Ta=
gen, wobei an der Stelle dieses letzten Impfstiches sich ein charak=
teristisches Schankergeschwür gebildet hatte, das hernach indurirte.
Alle andern Vaccinalpusteln hatten normalen Verlauf durchgemacht.
49 Tage später kamen roseola syphilitica und Condylome.

Dieser Fall ist besonders dadurch interessant, weil damit der

Beweis geliefert werden wollte, daß das Blut allein der Träger des syphilitischen Virus sei und nicht auch die Vaccinallymphe. Wenn beim Abimpfen der Pusteln keine Blutung eintrete und klare reine Vaccinallymphe inoculirt würde, so könne keine Syphilis übertragen werden, was erst durch beigemischtes Blut ermöglicht sei. Weiteres hierüber am Schlusse. —

Von Millard in Paris wurde in der Pariser Société médicale des hôpitaux 22. Nov. 1865 der Fall eines jungen Mannes mitgetheilt, welcher 19. Aug. 1865 in der Akademie revaccinirt worden war. Einen Monat später verwandelten sich die Vaccinapusteln in (syphilitische) Geschwüre. Die Achseldrüsen schwollen an, es stellten sich Hautausschläge ein. Von neun zugleich mit ihm geimpften Kindern wurden sechs syphilitisch, von denen zwei starben. —

1865. Millard.

Auzias-Turenne erwähnt auch 3 Fälle, in welchen bei Kindern, die in der Akademie geimpft waren, später Syphilis vaccinata auftrat. (Correspondance syphilographique u. Courrier méd. 31. Mai 1863.)

Auzias-Turenne.

Der neueste Fall von Vaccinal-Syphilis, welcher ganz genau beobachtet wurde, ereignete sich im Mai 1866 in Frankreich. Gazette médicale Nr. 46. 17. Nov. 1866.

1866. Depaul.

Depaul berichtet im Namen einer Commission an den Minister des öffentlichen Unterrichts. Dieser Bericht wird der Akademie vorgelegt. Die Hebamme des Fleckens von Grandchamp Arondissement de Vannes erhielt 20. Mai 1866 von der Präfectur Vannes »vaccine sur plaques.« Damit wurden 292 gesunde Kinder vaccinirt. Acht Tage später vaccinirte sie ein dreimonatliches Mädchen an jedem Arm mit sechs Stichen, um recht viel Vaccine zu bekommen. Mit diesem Mädchen ging die Hebamme am 3., 4. und 5. Juni in verschiedene Gemeinden und machte über 80 Vaccinationen. 12. Juni dienten zwei Kinder der ersten Serie zu neuen Impfungen. Die Inoculationen lieferten später zum Theil unglückliche Resultate. Am 9. Juli sind aus beiden Serien über 30 Kinder an primärer und sekundärer Syphilis erkrankt. Die abgeschickte medizinische Commission, Roger und Depaul, erstatten der Akademie über diese Vorfälle Bericht und Depaul legte zum Schlusse folgende drei Fragen zur Beantwortung vor:

1) Sind diese Krankheitserscheinungen wirklich syphilitische?
2) Ist dem so — wurde die Syphilis durch die Impfung übertragen?
3) Aus welcher Quelle stammte die Syphilis?

War sie schon mit der von der Präfektur geschickten Vaccina ge=
mischt oder erst bei der Impfung durch eines der Kinder dazu ge=
kommen?

Die Beantwortung lautete:

ad 1. Viele der Kinder litten unstreitig an sekundärer Syphilis.

ad 2. Allein zulässige Erklärung Syphilis ex vaccina.

ad 3. Wahrscheinlich war das syphilitische Virus schon in der
von der Präfektur sur plaques geschickten Vaccine enthalten.

Ricord wünscht diese Schlüsse Depaul's zu unterstützen, aber
unter der Beifügung, daß neben secundären auch primäre syphilitische
Zufälle beobachtet worden seien.

Depaul fügt dieß gerne bei und so wird dieser Bericht von der
Akademie einstimmig angenommen. —

Wer die Frage von der Vaccinal=Syphilis, von jenem Berichte
Depaul's an, im Jahr 1864 der Akademie vorgelegt, bis zu diesem
des Jahres 1866 verfolgt hat, sieht dieselbe nun in der Akademie
nach zweijährigem Kampfe endgültig entschieden und selbst der hart=
näckigste Gegner in dieser Sache, Ricord, muß den nutzlosen Wider=
stand aufgeben. Der Bericht Depaul's wird jetzt einstimmig angenom=
men, während vor zwei Jahren, als Depaul zuerst die Vaccinal=Sy=
philis zur Sprache brachte, die große Majorität der Akademie gegen
ihn war.

Tempora mutantur et nos mutamur in illis!

Solche erstmalige Einstimmigkeit der Akademie in dieser während
beinahe sieben Decennien in allen Ländern auf's eifrigste disputirten
Frage gibt dieser Sitzung eine denkwürdige Bedeutung. Die Frage,
ob die Syphilis durch die Schutzpockenimpfung übertragen werden kann,
hat jetzt ihre definitive sichere Beantwortung gefunden.

Die oben angeführten 25 Fälle sind die wichtigsten, welche bis
jetzt bekannt wurden. — Gesammtzahl der erkrankten Individuen ist
an 500. — Die Fälle hier im Einzelnen zu kritisiren, würde zu weit
führen, und mögen auch unter denselben viele einer in's Detail
eindringenden genauen Kritik kaum Stand halten, zumal bei un=
genauen Ueberlieferungen, (siehe die Verhandlungen der französischen
Akademie hierüber), so kann doch angesichts der in solcher Zahl vor=
liegenden Thatsachen in unserer Zeit Niemand mehr die Gefahr der
Uebertragung der Syphilis durch die Schutzpockenimpfung in Abrede
ziehen. Steht nun aber dieß endlich nach langem Kampfe fest, so ist

damit auch die Aufgabe gegeben, diese mühsam errungene Wahrheit praktisch zu verwerthen und durch Einführung genügender Schutzmaß=
regeln die erkannte Gefahr zu beseitigen.

Ehe wir uns aber mit Erwägung dieser prophylactischen Maß=
regeln befassen, wollen wir vorher noch einmal einen Blick zurückwerfen und uns in Kürze veranschaulichen, auf welche Weise wir in den Besitz der Wahrheit gelangt sind. Es lohnt sich wahrlich, diesem Kampfe etwas näher zuzusehen, um hiedurch würdigen zu können, wie große Mühe und Anstrengung es gekostet hat, um das Ziel zu erreichen. Den besten Einblick dürfte eine im Auszuge gegebene Schilderung der Debatten der französischen Akademie gewähren, wobei wir der Gegner schonungslose Kritik kennen lernen. Dem guten Prinzip Audiatur et altera pars wird somit in unparteiischer Weise vollständige Rechnung getragen.

Zweiter Theil.

Die Frage der Vaccinal-Syphilis vor der Académie de Médecine zu Paris.

Bericht des Impf-directors Depaul. Dr. Depaul, Directeur de la Vaccine, bringt diese Frage in der Akademie zur Diskussion aus Anlaß seines schon erwähnten Berichtes an den Minister, in der Sitzung vom 29. Nov. 1864. Dieser Bericht beginnt damit, wie in den ersten Zeiten die Vaccination entweder übertrieben gelobt oder übertrieben getadelt worden sei. Depaul fährt dann fort: Heute, da die Leidenschaften Zeit gehabt, sich zu legen und da die Vaccination sich bewährt hat, so daß sie keine Vertheidigung mehr braucht, kann man getrost deren Schwachheiten enthüllen. Die Erfahrung hat dieselben uns geoffenbart und sie muß uns lehren, dieselben zu beseitigen. Wer erkennt heute nicht die Nützlichkeit der Revaccination? Und doch hat es schwer gehalten und mehrjährigen Kampf gekostet, sie in allgemeine Praxis zu bringen. — Warum dieser Widerstand von Seiten der wärmsten Vertheidiger der Vaccine? Sie hatten deren Unfehlbarkeit verkündet und wollten um keinen Preis deren Ruf beeinträchtigen. —

Die Gegner der Vaccine hatten von Anfang an es für gefährlich erklärt, fremde giftige Stoffe in's Blut überzuführen, wodurch die ganze Oekonomie des Körpers alterirt werde. Die Anhänger der Vaccine erklärten, es sei gleichgültig, wo man Vaccine nehme, indem bloß die Vaccine übertragen werden könne, nicht aber eine andere constitutionelle Krankheit. Allein die Erfahrung zeigte, daß dem nicht so ist. — Die Möglichkeit der Transmission der Syphilis durch die Vaccination soll hier ausschließlich abgehandelt werden, sowie die Mittel, solche Gefahr zu vermeiden.

Depaul führt dann 14 Fälle von Vaccinal-Syphilis auf:
1. Erster Fall von Cerioli, 46 Kinder syphilitisch.
2. Zweiter Fall von Cerioli, 54 Personen syphilitisch.
3. Fall vom Wundarzt B. in Preußen 1849.
4. Fall von einem sechsjährigen Kinde, das vor der Impfung stets gesund war. In Irland vaccinirt. An Impfstellen Verschwärung; allgemeiner Ausschlag; Verschwärung im Rachen, Lebensgefahr. Siehe medical Times 2. Aug. 1858.
5. Beobachtung von Dr. James Whitehead (Third Report of the Clineal Hospital Manchester): ein dreijähriges gesundes Mädchen wurde vaccinirt. An der Stelle der 3 Impfstiche tiefe Geschwüre, mit harter Basis. 3 Monate später herpetische Ausschläge, wahre syphil. cachexie.
6. Fall von Dr. Hübner in Baiern.
7. Fall von Dr. Lecoq in Cherbourg.
8. Fall in Rivalta.
9. Fall von Trousseau.
10. Fall von Chassaignac: Ein 2jähriges gesundes Kind wurde den 23. Juni 1863 vaccinirt, an der Stelle der Impfstiche traten Verschwärungen ein, welche rasch zunahmen. Schwellung der Achseldrüsen. Kupfriger Hautausschlag. — 26. Aug. 1863 in Société de Chir. vorgestellt.
11. und 12. Fall von Devergie und Hérard.
13. Fall von Abelasio.
14. Fall in Béziers: beim letzten Impfstich zufällig Blutung und hierdurch gerade syphilitische Infektion.

Diese Liste kann noch vergrößert werden, ist aber lang genug. Es sind hier nur Fälle von Syphilis in Folge der Vaccination erwähnt. Eine andere Reihe von Fällen ist die, wo latente hereditäre Syphilis durch Vaccination zum Ausbruch gelangte. Beide Fragen sind scharf auseinander zu halten; hier ist bloß von der ersten die Rede.

Wie konnte es geschehen, daß so lange die Möglichkeit der Syphilis ex vaccina geläugnet wurde? Zuerst war man zu sehr eingenommen für die Entdeckung Jenners; später waren einige irrige Lehren Hunter's über Transmission der Syphilis verbreitet worden, die so fest wurzelten, daß sie selbst zur Basis gerichtlicher Entscheidungen dienten. Einzelne Stimmen, welche im Namen der Erfahrung protestirten, verloren sich, und mehr als zwanzig Jahre lang wurde die Wahrheit beständig zurückgestoßen im Namen unabänderlicher Lehrsätze. — Da der Schanker allein für impfbar galt, war es möglich zuzugeben, daß das syphilitische Gift in einer Vaccinalpustel enthalten sei? Doch kam endlich die Zeit, wo die Wahrheit durchbrach. Nur einzelne schienen hartnäckig zu widerstreben. In dem Falle Troussean's wurden die Erscheinungen wohl für syphilitisch erklärt, allein aus welcher Quelle? Das Blut könne unmöglich Syphilis übertragen, — wurde behauptet, trotz der direkten Versuche von Waller, Gibert, Pellizzari ꝛc. — Bei solcher Stimmung war man nicht geneigt, Fälle von Syphilis ex vaccina gelten zu lassen und wußte diese Fälle mit allen möglichen Zweifeln zu umgeben, unter Herbeiziehung ganz außerordentlicher Erklärungen und ungewöhnlicher Deutungen. Indessen die Beobachtungen von Cerioli, die Ereignisse von Rivalta, die Fälle von Lecoq und anderen geben Licht genug, die Wahrheit zu sehen, so traurig sie auch ist. Eine Frage dieser Art wird nur dann gesund beurtheilt, wenn man nicht bloß jede einzelne Beobachtung in ihren kleinsten Details analysirt und, falls einige ungenügend erfunden werden, das Ganze verwirft, sondern indem man die Beobachtungen einander nähert und durch diese gegenseitige Annäherung zu ergänzen sucht. Für jeden vorurtheilsfreien Beobachter wird dann die Möglichkeit der Uebertragung der Syphilis durch die Vaccination bewiesen sein.

In sämmtlichen Fällen der Vaccinal-Syphilis ist die erste Erscheinung identisch. Stets an den Impfstellen entwickelt sich spezifischer Schanker mit allen seinen Charakteren; hierauf successives Auftreten der späteren Symptome der Syphilis. Und daß die Syphilis nicht auf anderem Wege in den Organismus eingedrungen sei, beweist der indurirte Schanker auf dem Arm an der Impfstelle als unwiderleglicher Zeuge. — Die vorher latente Syphilis kann freilich durch die Vaccination zum Ausbruche gelangen, allein dann sind die Erscheinungen in anderer Reihefolge. Als große Lücke gelte in einzelnen Fällen, daß die Syphilis der Kinder, welche die Vaccine geliefert, nicht sicher constatirt sei. Allein in sehr vielen Fällen ist ja dieser Punkt sicher bekannt und also kein Einwand, überdieß nicht so wichtig, denn auch in gewöhnlicher Praxis, wenn ein Mann indurirten Schanker hat und später die übrigen Symptome sekundärer Syphilis sich entwickeln, geht man nicht zur Quelle zurück, um Syphilis zu erkennen. Auffallend werde gefunden, daß mit Vaccine, auf demselben Individuum und in der gleichen Sitzung genommen, die einen syphilitisch werden, die andern gesund bleiben. Allein das Gleiche wird ja bei den Inoculationen der verschiedensten Art beobachtet. Die negativen Resultate und Thatsachen können doch in nichts die unglücklicherweise zu positiven traurigen Fälle abschwächen. Es wurden verschiedene Erklärungsversuche gemacht. So gewiß die Uebertragung der Syphilis durch die Vaccination ist, so ungewiß ist das eigentliche Vehikel. Ist es das Blut? Ist es die Vaccinallymphe? Die Schule von Lyon, welche bezüglich verschiedener Fragen in der Syphilis seit einigen Jahren so große Fortschritte gemacht hat, erklärt, daß nur das Blut die Syphilis übertrage und daß man ungestraft von syphilitischen Individuen Vaccine nehmen könne, vorausgesetzt, daß man nicht Blut beimische. Viennois in Lyon hat zur Unterstützung dieser Ansicht verschiedene Thatsachen veröffentlicht. Wären sie richtig, hänge es nur von den Aerzten ab, die Gefahr einer Infection für immer zu beseitigen. — Die Theorie an sich ist verführerisch, allein noch nicht sicher bewiesen, obwohl freilich in der Praxis derselben stets Rechnung getragen werden muß.

Was ist also zu thun, um jene Unglücksfälle zu verhüten?

Niemand dürfte es wohl einfallen, deßhalb auf die großen Wohlthaten der Vaccination zu verzichten. Millionen Individuen sind mit Erfolg vaccinirt worden. Die Vaccinal-Syphilis, obwohl sie sich leider schon zu häufig wiederholt hat, bildet doch eine seltene Ausnahme. Wo wären wir in medizinischer und chirurgischer Therapie, wenn ein Heilmittel oder eine Operation ganz zu verwerfen wären, weil es nicht immer hilft und in einzelnen seltenen Fällen schadet. Die Vollkommenheit ist eine Chimäre, nach welcher man nicht zu sehr jagen darf, und zwischen zwei Uebeln ist das kleinere zu wählen. — Hauptpunkt ist, Vaccina nur aus reinen Quellen zu schöpfen. Gewöhnlich nimmt man sie von kleinen Kindern, die, wenn Syphilis vorhanden ist, meist an hereditärer Syphilis leiden. Hereditäre Syphilis macht aber frühzeitig ihre Erscheinungen. Diday hat hiefür folgende Tabelle auf Grund von 158 Fällen angegeben:

Vor Ablauf von 1 Monate nach der Geburt 86mal.
„   „   „   2 Monaten „   „   „   45 „
„   „   „   3   „   „   „   „   15 „
Mit   4   „   „   „   „   7 „
„   5   „   „   „   „   1 „
„   6   „   „   „   „   1 „
„   8   „   „   „   „   1 „
„   1 Jahre   „   „   „   1 „
„   2 Jahren   „   „   „   1 „

Andere Beobachter geben an, es sei besonders im Momente der Geburt, daß syphilitische Kinder die äußeren Zeichen der Ansteckung an sich tragen.

Selten, außer in Zeiten einer Epidemie oder in Spitälern, werden die Kinder vor 5—6 Wochen geimpft, wodurch die Gefahr der Vaccinal=Syphilis vermindert ist. Es wäre leicht, sich als allgemeine Regel aufzuerlegen, Vaccine nur von Kindern zu nehmen, welche den zweiten oder dritten Monat zurückgelegt haben. Außerdem sind sie ganz sorgfältig zu untersuchen und nur gesunde, große und frische Kinder zu wählen. Ueber Antecedentien der Eltern erkundige man sich genau, soweit möglich. — Wenn man auch mit allen diesen Vorsichtsmaßregeln keine absolute Gewißheit hat, alle Gefahr entfernt zu haben, kann man sich doch das Zeugniß geben, daß man seine Pflicht so gut als möglich erfüllt habe bei gegenwärtigem Stande der Wissenschaft. —

Die Akademie gewährt die Wohlthaten der Vaccine 2—3000 Individuen jedes Jahr und bis jetzt ist nicht ein Fall von Syphilis konstatirt worden. Obwohl keineswegs bewiesen ist, daß das Blut das einzige Agens bei der syphilitischen Transmission sei, vermeide man bei der Eröffnung der Vaccinalpustel jegliche Blutung. — Die Inoculation mit der Nadel gibt erfahrungsgemäß ebenso befriedigende Resultate als die Inoculation mit der Lancette. Mit der Nadel, deren man sich seit mehr als acht Jahren allein in der Academie bedient, führt man viel weniger Flüssigkeit ein, und hat nicht leicht Blutung. Der Gebrauch der Nadel verdiente daher verallgemeinert zu werden.

Unter dem tiefen Eindruck jener unglücklichen Thatsachen haben einige Aerzte vorgeschlagen, auf die Inoculation von Arm zu Arm zu verzichten und sich auf Vaccinallymphe, in Röhrchen conservirt, zu beschränken, allein hiemit wäre gar nichts gewonnen, da das syphilitische Virus sich ebenso conservirt und in den Röhrchen mit aufbewahrt werden kann.

Als radikale Reform wird von Dr. Viennois empfohlen, zur Kuhpocke zurückzukehren. Diese Sitte existirt in Neapel seit 50 Jahren bei der wohlhabenden Klasse. Ein vor einigen Jahren gestorbener Arzt hat diese Sitte in Paris eingeführt, allein sie breitete sich nicht aus. Ein junger Arzt reiste nach Neapel, die Einrichtung dort genau zu studiren. Freilich dürfte die allgemeine Einführung, selbst wenn hierdurch absolute Sicherheit gegen Uebertragung giftiger Krankheiten gegeben wäre, auf große Schwierigkeiten stoßen. — Warten wir hierüber die Resultate der neueren Forschungen ab und begünstigen wir dieselben, im Gedanken, daß wir in einer Zeit und in einem Lande leben, wo nichts, was wahrhaft nützlich ist, für unmöglich gilt.

Zum Schlusse dieses Berichtes an den Minister sagt Depaul: der Herr Minister dürfe in Folge der erwähnten Unglücksfälle nicht glauben, daß die Vaccination in den Augen der Akademie aufgehört habe, eine der größten Entdeckungen in der Medicin zu sein; sie sei mehr als je überzeugt, daß diese Wohlthat recht verbreitet werden müsse, aber unter strengen Cautelen.

Gegen obigen im Auszuge mitgetheilten Bericht Depauls an den Minister erhob sich in der Sitzung vom 10. Jan. 1865 Ricord, der Führer der Opposition, in geharnischter Rede:

Protest von Ricord.

Vor mehr als 40 Jahren sind zum erstenmale die Thatsachen veröffentlicht worden, welche neulich zu Gunsten der Transmission der Syphilis durch die Vaccination citirt wurden. In jener Epoche ist von der Schule noch keine Rede gewesen, welcher der Berichterstatter (Depaul) mit nicht genug anzuerkennendem Wohlwollen eine unwiderstehliche Herrschaft über die Ansichten der ärztlichen Zeitgenossen in Sachen der Syphilis beilegt. Freilich hat diese aufrichtige Huldigung für die Lehren des Hôpital du Midi den Zweck, ausschließlich auf dieselben eine noch schwerere Verantwortlichkeit zu wälzen. Zu verschiedenen Zeiten wurden ähnliche Beobachtungen wie die von Cerioli berichtet, waren aber in Frankreich noch nicht gemacht, bis zu den zwei Beobachtungen Lecoq's in Cherbourg. — Die neuen Thatsachen, so wenig als die alten, konnten den Unglauben der Mehrzahl der Beobachter erschüttern und dieser Unglaube hatte nichts Doktrinäres und entlehnte nichts von den angeklagten Lehrsätzen Hunter's und der Schule du Midi. Im Gegentheil, es war ein Unglaube durchaus basirt auf die Erfahrung und um so berechtigter, als ausgesprochen von den kompetentesten Beobachtern, welche die Vaccination in größerem Maßstabe ausübten. Diese Zeugnisse liegen im Ueberflusse vor. Einer der verehrtesten Kollegen, Husson (s. Husson, Recherches historiques et médicales sur la vaccine. Paris. 1803.) hat die Unmöglichkeit der Transmission auf Grund seiner Erfahrungen und Versuche auf's Beſtimmteſte ausgeſprochen, ebenſo Bousquet in ſeiner Traité de la Vaccine. 1833. p. 86. Endlich ſagt Steinbrenner, Traité sur la Vaccine. Paris 1846:

„M. Heim dit avoir vacciné de jeunes dames avec du vaccin pris sur des officiers qui avaient la syphilis, sans qu'elles en aient ressenti aucune atteinte. De même il a inoculé du virus vaccinal pris sur un enfant qui présentait des symptomes de syphilis constitutionelle à trois autres enfants sans leur causer le moindre mal."

p. 613: „Ni dans les revaccinations des militaires, ni dans celles faites dans le civil, où certainement le virus a été souvent pris d'individus, qui avaient différentes maladies virulentes, jamais aucun vaccinateur de tout le royaume n'a cité un seul cas de transmission d'une autre maladie par le véhicule de la vaccine.

Comment, nous le demandons, peut-on aussi admettre la possibilité d'une pareille transmission? Il en est du virus vaccinal comme de tous les autres virus, il ne s'associe jamais aux vices constitutionels de l'individu. — La pustule vaccinale est uniquement le produit du virus vaccinal. C'est une production morbide qui ne dépend que de ce produit seul. Il serait tout aussi absurde de croire qu'en inoculant la lymphe vaccinale prise d'un syphilitique, on donnerait la syphilis à l'inoculé, qu'il le serait de prétendre qu'en inoculant le pus d'un chancre d'un individu qui aurait en ce moment de belles pustules vaccinales, on pourrait donner la vaccine à l'individu inoculé."

Dazu die Zeugniſſe der erfahrenſten Praktiker, wie Taupin, Devèze, Lecoeur, welche 2—3000 Vaccinationen gemacht haben und die ſämmtlich im Namen der Erfahrung die Transmiſſion negirten.

In der Schrift: Documents sur l'histoire et la pratique de la vaccine, présentés par le comité général d'hygiène aux deux chambres du parlament, par ordre de S. M. la reine d'Angleterre en 1857, haben in ähnlichem negativem Sinne Zeugniſſe niedergelegt Chomel, Moreau, Nayer, Roſtan, Sébillot, Stolz, Velpeau.

Unter 528 Antworten drücken 40 Zweifel aus, ſechs bejahen ohne Beweiſe, zwei mit Beobachtungen ohne Details, 479 verneinen.

In der Zeit, in welcher dieſe Zeugniſſe gegeben wurden, kannte man alle Fälle bis 1854, die zwei Beobachtungen Cerioli's, den Fall vom Veterinär V. (in Coblenz), von Dr. Hübner, von Monell u. Whitehead.

Soll man diese Zeugnisse noch vermehren mit Namen von Aerzten, fremd der Schule du Midi, 1831 Bidart, 1848 Montain, Schreier? Der Berichterstatter hat zu gefällig auf doktrinäre Antipathie gehört und unterlassen ohne Vorurtheil die Quellen zu prüfen, sonst hätte er keine solche retrospektive tendentiöse Polemik geführt.

Was den in Trousseau's Klinik vorgekommenen Fall anlange, so habe ich (Ricord) einen ähnlichen in meiner Praxis bis jetzt nicht beobachtet. In dem darüber gehaltenen klinischen Vortrag habe ich die syphilitische Affection konstatirt, an der Impfstelle primitive, auf der Haut sekundäre Symptome der Syphilis. Es war rationell die Infektion auf die Vaccination zurückzuführen. Allein der Laune des Zufalls Rechnung tragend habe ich mich mit absoluter Sicherheit aussprechen können? Und was! Derselbe Vaccinator, Dumontpallier, mit derselben Vaccine, mit derselben Lancette, hat vier Kinder geimpft, welche ganz gesund blieben und das sollte nichts bedeuten!

Die Unmöglichkeit, stets zur Quelle des Impfstoffs zurückzugehen und stets genau das Schicksal sämmtlicher Geimpften zu verfolgen, sind Desiderata, welche zwar den Beobachtungen nicht allen Werth nehmen, aber doch zur Reserve nöthigen. Unvollständige Thatsachen sollen nicht zu voreilig beurtheilt werden.

Beim Unglücke in Rivalta war das Kind Chiabrera 11 Monate alt und ganz gesund, von robuster Konstitution, und stammte von gesunden Eltern. Hier kann also von hereditärer Syphilis keine Rede sein. Auf diesen Bedingungen beruht ja die Sicherheit der Vaccination. Dieß Kind, von welchem das Unglück ausging, war geimpft worden mit Vaccine in Röhrchen von Acqui zugeschickt? War dieß die Quelle der Infektion? Allein das Kind hatte nach der Impfung keine spezifische Affektion an den Armen, also war auch keine Infektion möglich! Wie aus diesem Kreise von Widersprüchen herauskommen? — Der Zufall kommt zu Hilfe, aber er ist weit entfernt eine Sache zu fördern, in der für genaue Details solche Gleichgültigkeit herrscht, wenn nicht die Loyalität eines Gegners, der angeklagt ist, systematisch das Licht zurückzustoßen, vermittelte. Durchdrungen von den Grundsätzen genauester Utersuchungen und strenger Analyse der Thatsachen habe ich (Ricord) weiter geforscht und durch den vervollständigten Bericht des Dr. Pacchiotti in Erfahrung gebracht, daß das Kind Chiabrera zwei bis drei Monate vor seiner Vaccination durch die Brust einer Amme angesteckt worden war. Dieß wurde erst acht Monate nach der Vaccination bekannt, beim dritten Besuch

Dr. Pacchiotti's, der auch an die Nothwendigkeit exacter Forschungen zu glauben scheint. Bezüglich der Incubationsdauer werden drei bis vier Wochen genannt, im Mittel 24 Tage, seltener 35 Tage und darüber. — Die Beobachtungen Lecoq's geben 8—42 Tage an, so daß also eine sehr elastische Grenze ist. Scheint es hier nicht gerechtfertigt, sein Urtheil, wenn so wichtige Schlüsse zu ziehen sind, suspendirt zu halten? Genaue Untersuchung vorliegender Frage ergab noch, daß in einzelnen Fällen auffallender Weise die Syphilis von zweiter und dritter Hand übertragen worden war, ohne daß vorher bei den intermediär vaccinirten Individuen ein Symptom sich gezeigt, so in Rivalta bei Chiabrera, welches unter andern Opfern ein Mädchen Manzone ansteckte, das, von gesunden Eltern, selbst ganz gesund war und das später an Injektion starb. Am 10. Tage nach der Vaccination und ohne irgend ein Symptom von Krankheit, diente es zur Impfung von 17 Kindern, von welchen 7 angesteckt wurden. — In dem Falle von Dr. Hübner 2mal ähnlicher Vorgang, mit der Besonderheit, daß in einem Fall der intermediär Vaccinirte fünf Monate nach der Vaccination erkrankte, und daß im zweiten die Vaccinal-Syphilis ihn verschonte. — Sind diese Fälle genügend erwiesen und klar, so ist die Consequenz zu ziehen, die Syphilis habe das traurige Privilegium, übertragbar zu sein, vor, während und nach jeder Manifestation. Ich (Ricord) glaube nicht, daß genügendes Licht in diese schwierigen Fragen gebracht worden sei, daher man sehr streng in der Wahl des Materials sein muß, mit scrupulöser Analyse der Thatsachen.

Der Berichterstatter (Depaul) im Gegentheil wählte eine bequemere Methode. Er nahm die Präcision der Details leicht hin und glaubte unvollständige Thatsachen durch deren Annäherung zu ergänzen. Dieses sinnreiche System gegenseitiger Hülfe oder der Compensation empfiehlt sich durch eine offenbare große Einfachheit; allein es ist zu zweifeln, ob es strenge Beobachter befriedige. — Auch ist der Moment des Berichtes ungünstig gewählt. — Um das düstere Bild zusammenzustellen, auf dem sich als drohende Gefahr die Complicität der Vaccine und der Syphilis erhebt, mußte man nicht bloß die Thatsachen zusammenstellen, sondern auch die Zeiten und Entfernungen. Man sah sich genöthigt, mehr als 40 Jahre Beobachtung zu condensiren und mußte diese Unglücksfälle in Italien und Deutschland entlehnen. In Frankreich sind sie sehr selten und doch ist Frankreich nicht das Land, in welchem die Syphilis seltener ist und in dem weniger vaccinirt wird. Der Berichterstatter ist am besten situirt um eine richtige Anschauung zu haben. Seine Behauptung, es seien sehr seltene Ausnahmen, ist schon beruhigend, aber Zahlen wären noch beruhigender.

Ich (Ricord) will keineswegs die Thatsachen der Ansteckung in Rivalta, in Florenz, Hollfeld 2c. läugnen; ich suche im Gegentheil stets die Quellen der Erfahrung, um diese Fragen zu studiren, aber ich mache keine Schlüsse, ehe ich Charakter und Größe der Gefahr kenne.

Ist der Feind vor der Thür? Ist es die Syphilis, welche den häuslichen Heerd bedroht unter der Maske der Vaccine?

Nein, nicht die Syphilis ist vor der Thüre, aber die Pocken. Der Moment ist schlecht gewählt, der Vaccine diesen neuen Prozeß zu machen, auf die Gefahr hin, den Glauben der Aerzte und der Gesellschaft an diesen Kultus der Präservation zu erschüttern, welcher so mühsam errichtet worden ist.

Ich (R.) begreife nicht, wie man mit der einen Hand Lärm schlägt, wenn die andere keine Abhülfe zeigt.

Seit der Berichterstatter so ängstlich wurde, ist seine Lancette, seine offizielle Vaccinationsnadel, müßig? Nein. Dreimal wöchentlich verbreitet sie die Wohlthaten oder nach den neuen Ueberzeugungen, die Gefahren der Vaccine! Ich habe bewiesen, daß man selbst bei Gesundheit der Impflinge und deren Eltern keine Sicherheit besitze. Bei der Ansteckung in Rivalta sind zwei Quellen. Das Kind Manzone war Verbindungsglied zwischen Chiabrera und 17 Kindern, von denen sieben angesteckt wurden und Chiabrera selbst? Waren nicht beide im Momente der Vaccination ganz gesund? Ihre Eltern ganz gesund, mit guten Antecedentien. Dennoch bedurfte es fünf Besuche des Dr. Pacchiotti in Rivalta, fünf succesive Untersuchungen, um den zufälligen Ursprung der Infection Chiabrera's zu erfahren (durch Amme).

Das Alter der Impflinge gibt auch keine Garantie. Zuerst glaubte man, daß die Kinder von syphilitischen Eltern stets bei ihrer Geburt das Certifikat der Ansteckung von ihrem Vater und ihrer Mutter an sich tragen. Dann machte man Fortschritt und gab zwei bis drei Monate an bis zum Ausbruche hereditärer Syphilis. Allein auch diese Grenze war zu enge, sie erstreckte sich sogar bis auf fünf Jahre nach der Geburt in seltenen Fällen. Uebrigens, welche Sicherheit kann man vom Alter, welches es auch sei, ziehen, bei einem Individuum, dem man, ohne es zu wissen, syphilitische Vaccine einimpft und das dann wieder zur Impfung dient. — Diese Consequenzen sind keine leeren Phantasiegebilde, sondern folgen mit Nothwendigkeit aus dem Berichte selber. Der Bericht anerkennt die Nothwendigkeit, die Praxis Jenner's festzuhalten basirt auf die zwei Garantieen, Alter und Gesundheit der Impflinge, zeigt uns aber zugleich, daß diese Sicherheiten ganz illusorisch seien. Die Lehren des Hôpital du Midi haben hoffentlich mit solchen Widersprüchen nichts zu thun.

Die geringe Quantität der Vaccinallymphe gibt auch keine größere Sicherheit, da das Virus durch Qualität, nicht durch Quantität wirkt und ein Tropfen Blut ist gerade so gut Blut als eine Schale voll.

Es ist viel die Rede von der Contagiosität des Blutes syphilitischer Individuen mit Ausschluß der Vaccinallymphe. Es wäre aber in der That sonderbar, daß das Blut ansteckend sei und die Vaccinalpusteln, als wären es ganz exotische Produkte, unschuldig.

Welches ist die Quelle dieser plastischen Vaccinallymphe? — Es ist inkonsequent, Contagiosität des Blutes anzunehmen, aber nicht seiner Produkte. Hier stimmt der Berichterstatter doch mit mir (R.) überein. Es sind hierüber noch mehr Beobachtungen anzustellen.

Solidere Garantie wäre Rückkehr zur primitiven Quelle der Kuhpockenimpfung nach dem Beispiele der Neapolitaner. Man kennt bis jetzt nur eine contagiöse Krankheit des genus bos, den Milzbrand. Also auch hier keine absolute Sicherheit. Wenn die Syphilis impfbar ist, vor, während und nach jeder Manifestation; wenn die Syphilis latent ist, ohne daß irgend etwas die Incubation anzeigt, wie kann man hoffen, es sei anders mit dem Milzbrand. Wäre nicht zu befürchten, daß durch die Vermehrung des Contactes der Thiere mit dem Menschen neue Contagionen entstünden?

Die lange Erfahrung von Dr. Palasciano genügt, um den Werth der Methode von Galbiati zu bestätigen und die Berichte von Lanoix (Bulletin de l'Académie de médecine t. XXX. p. 241) erhöhten das Vertrauen. Frage ist, ob man nach dieser neuen Methode sogleich vacciniren kann, oder ob man indessen in den 37,000 Gemeinden Frankreichs zu vacciniren aufhört? Die Pocken warten nicht. —

Wenn man aber die Unglücksfälle nach ihrer Zahl vergleicht mit den Wohlthaten der Vaccination und der Zahl der während 60 Jahren der mörderischen Seuche entrissenen Opfer, so fragt man, ob man gut thue, die Vaccine so strenge zu behandeln und ob neue Beschwerden neben den geleisteten Diensten bedeutend genug seien, um zu riskiren, den Glauben an die wohlthätige Entdeckung Jenner's zu untergraben.

Auch das Interesse des ärztlichen Standes kommt hier sehr in Betracht. In mehreren Fällen, die der Syphilis ganz fremd waren, sind die Aerzte leichtsinniger Weise angeklagt worden, ihre Impflinge schlecht gewählt zu haben. Man sollte solchen Anklagen nicht neuen Vorwand geben. — Ist die Theorie von der Contagiosität des Blutes wahr, so ist doppelte Strömung zu befürchten, von den Impfträgern auf die zu impfenden Kinder, und von diesen retour zu den Impfträgern, wo auf's Neue das Instrument beladen wird. Es ist unmöglich das Instrument stets zu reinigen, da in gleicher Sitzung Viele schnell zu impfen sind. Hier werden stets Mischungen von allerlei Blut stattfinden, voll von Unbekanntem, mit stummen Diathesen und frischen gleichfalls verborgenen Incubationen. Man ist stets im Ungewissen. Und die Vaccine im Namen der Akademie ausgetheilt, enthält sie kein Blut? Prof. Robin hat sie mikroskopisch untersucht und sehr viele Blutkörperchen gefunden.

Ich habe genug gesagt. Es kann nicht von Interesse sein, den Herrn Minister zu beunruhigen mit wissenschaftlichen Diskussionen, die er nicht berufen ist zu richten, und mit den Schwierigkeiten medizinischer Praxis, welche er nicht durch Ministerialdekret beseitigt. Die Akademie entscheide, ob der Bericht statthaft sei.

Der unparteiische Leser dieses an sich vortrefflichen in Kürze hier resumirten Vortrages von Ricord muß bedauern, daß derselbe sein großes Talent zur Aufrechthaltung seiner Sache in dieser Rede auf eine so persönliche angreifende Weise zeigte. Er sieht in gegenwärtiger Frage bloß Angriffe auf seine Person, eine doktrinäre und vielleicht antidoktrinäre Antipathie. Es ist ihm nicht um die Sache der Wahrheit, sondern um Persönlichkeiten zu thun, was auch seiner Rede den Charakter persönlicher Animosität aufdrückt. Seine Aufzählung von Autoritäten, welche die Möglichkeit der Transmission läugneten, ist leicht zu pariren mit gegentheiliger Aufzählung. — Mangelhafte Kenntniß der einzelnen Fälle, falsche syphilographische Grundsätze bezüglich des Contagiums sekundärer Syphilis, wovon das vaccino-syphilitische

Contagium nur ein Corollarium ist, erklären, warum die Mehrzahl die Transmission läugneten. Allein bei solchen Streitfragen entscheiden keine Namen, so berühmt sie auch seien, sondern hier entscheiden allein Gründe der Erfahrung, — mit Thatsachen und Versuchen auf breiter solider Grundlage. —

Ricord nimmt zwar im Princip die Möglichkeit der Transmission an, allein er will die beobachteten Thatsachen nicht gelten lassen und sucht sie durch seine scharfe Kritik zu entwerthen. Bezüglich der Kranken in der Troussean'schen Klinik hat Ricord eine Serie von Hypothesen und außerordentlichen Zufällen nothwendig, um seine der natürlichen und allgemein angenommenen Erklärung entgegenstehende Ansicht zu begründen: Die Impfstellen waren vielleicht mit pruriginösen Krusten bedeckt, welche juckten, daher die Kranke sich veranlaßt fühlte zu kratzen. Ihre Finger waren mit syphilitischer Materie inficirt, welche auf irgend eine Weise dorthin gekommen sein muß. (Bekanntlich zeigte die Kranke trotz sorgfältiger Untersuchung keine Spur von Syphilis). Diese und andere künstliche Hypothesen muß Ricord zu Hülfe nehmen, statt bei der natürlich ganz einfachen Erklärung zu bleiben, welche von Troussean und allen übrigen Aerzten, die den Fall untersuchten, angenommen worden war, daß hier Syphilis vaccinata vorliege. —

Auch die bezüglich des Unglückes in Rivalta vorgekommenen Widersprüche, welche von Ricord dem Berichterstatter Depaul vorgeworfen werden, klären sich. Die Aetiologie der Syphilis des Kindes Chiabrera war von Jedermann im Berichte Pacchiotti's zu lesen. —

Auch der Einwand kurzer Incubation im Falle Lecoq's ist unbedeutend, bei der mittlern Dauer von 25 Tagen kann auch eine Dauer von acht Tagen als Minimum vorkommen.

Rollet in seiner letzten Arbeit über Syphilis sagt über Incubation: Sie fehlte in keiner Beobachtung; längste 42 Tage, kürzeste 10 Tage. In den Fällen, wo die Incubation genau notirt ist, war sie 39, 17, 24, 27, 15, 19, 24, 18, 35, 15, 42, 25, 34, 28, 35, 27, 17, 25, 16, 25, 28, 30, 21, 29, 28, 35, 28, 10. Im Mittel also zwischen 26 und 25. Nach Jnoculationen des Blutes war die Incubation 25, 34, 28, 35, im Mittel 30 Tage. — Daß Ricord an so verschiedener Incubationsdauer Anstoß nimmt, ist ebensowenig gerechtfertigt als seine Auslassung über intermediäre Ansteckung. —

Als dritter Redner trat nach Ricord Dr. Blot in der Akademie Blot. auf, in der Sitzung vom 17. Januar 1865.

Blot hätte sich dieser seiner Ansicht nach verfrühten Discussion enthalten, wenn ihn nicht seine Eigenschaft als Mitglied de la commission de vaccine zur Betheiligung gleichsam gezwungen. Er stellt sich auf Seite Ricords und protestirt energisch gegen die Ansichten Depauls. Das Wesentlichste in seinem Vortrag dürfte darin bestehen, daß er auf diagnostische Irrthümer aufmerksam macht, auf **allgemeine Vaccinal-Eruptionen** und auf den sog. vaccinalen **Phagebenismus**. Erstere könnten leicht verwechselt werden mit specifischer Eruption, wenn latente herebitäre Syphilis in Folge der Vaccination zum Ausbruch komme. Die letzteren sind mit den primären Symptomen der durch Vaccination übertragenen Syphilis zu verwechseln. Zur weiteren Erläuterung wird ein von Dr. Bergeron und Cullerier beobachteter Fall citirt, in welchem die Diagnose der einfachen, nicht syphilitischen Verschwärung der Vaccinalpusteln sehr schwierig war.

Blot weist ferner auf die Defectuosität der Fälle hin, nicht einer sei ganz klar und vollständig. Den positiven Fällen stellt Blot die negativen entgegen im Anschlusse an Ricord, erwähnt Bousquet, Vidart, Taupin ꝛc. Der Fall des Dr. Sébastian, Chef de la maternité de Béziers, (nur bei einer Pustel Blutung und hier Schanker) erscheint ihm von großer Wichtigkeit. Hier sei Beweis und Gegenbeweis.

(Man sieht aus dem bisherigem Vortrage von Blot, wie er allmälig Schwenkung macht und wider Erwarten die Transmission der Syphilis zugibt, ja selbst als Agens dieser Uebertragung das Blut ansieht). Der Fall des Dr. Sébastian für sich allein, erscheint Blot bedeutungsvoller als tausend Fälle von Rivalta.

Nun kritisirt Blot die von Depaul empfohlenen sog. prophylactischen Mittel als ganz ungenügend.

Wie ist es aber möglich, daß man seit mehr als 60 Jahren alljährlich Tausende von Kindern in der Akademie vaccinirt und doch nie Vaccinal-Syphilis beobachtet? Die Antwort, daß man in der Akademie besondere Vorsichtsmaßregeln nehme, könne er nicht gelten lassen, da er wisse, wie es hergehe. Es werden zwei, drei, vier oder fünf Kinder aus dem Gebärhause vaccinirt. Nach acht Tagen gehe ein einfacher Bureau-Diener der Akademie in die Gebärklinik, um die Vaccinallymphe zu sammeln; man brauche nicht das Mikroskop Robin's um Blut darin zu erkennen. Das sind die sog. Vorsichtsmaßregeln der Akademie. Es müsse also die Vaccinal=Syphilis in Frankreich wenigstens außerordentlich selten sein, denn kaum könne man der Ansteckung günstigere Bedingungen haben, als bei Vaccine von der Gebärklinik. — Die Vorsichtsmaßregeln, welche allein Garantie geben, seien Rückkehr zur animalen Vaccination.

Depaul. Depaul erwiedert Blot sogleich und deckt dessen Widersprüche auf, im Anfange habe jeder glauben müssen, Blot bestreite die Realität der Vaccinal=Syphilis und später habe er sie als bewiesen angenommen, aber doch die Kritik Ricord's unterstützt. Depaul wolle ja blos die Realität der Vaccinal=Syphilis constatiren, über das Agens sei nichts sicheres bekannt. Blot habe nichts eigenthümliches, nichts neues beigebracht und zum Theil seiner Einbildung zu großen Spielraum gestattet ec.

Depaul vaccinire jährlich 3—4000 Kinder und könne anbetracht der vorgekommenen Unglücksfälle nicht länger schweigen, die Verantwortung sei zu groß. Das seien seine einzigen Motive gewesen, als er diese wichtige Frage hier zur Diskussion gebracht habe. Jeder Arzt müsse bei der Vaccination Scrupel haben seit dem Prozeß des Dr. Hübner, seitdem das Unglück in Rivalta vorgekommen. — Lasse man alle Rivalitäten in Doctrine, alle Persönlichkeiten doch aus dem Spiele.

Es sei auch nicht unpassend, dem Minister diese Frage vorzulegen, da ja dieser alljährlich in officiellem Rapport mit dem Impfwesen stehe? Auch zeige der Minister stets wichtigen Fragen der öffentlichen Hygieine solch ein Interesse, daß er oft selber die Initiative ergreife und die Akademie um Lösung angehe; z. B. 25. Okt. 1858 habe der Minister Antwort auf folgende zwei Fragen verlangt:

1) Sind die constitutionellen syphilitischen Symptome ansteckend?

2) Hat deren Produkt bezüglich der Ansteckung bei den Säuglingen andere Eigenschaften, als bei den Erwachsenen? —

Der Minister wolle über alles, was auf die Vaccine Bezug hat, unterrichtet sein und auch der ärztliche Stand verlange gründliche Erörterung der Vaccinal=Syphilis. —

Guérin. Jules Guérin weist Depaul dafür zurecht, daß er zuerst im Namen der Kommission, dann der Akademie den Bericht an den Minister absaßte, worin die Transmission der Syphilis durch die Vaccination als eine feststehende Thatsache proklamirt werde. Allein die

Thatsachen seien unvollständig nach Zahlen, nach Eigenschaften, nach Präzision; sie lassen zwar an syphilitische Infection durch die Vaccine glauben, allein dieser Glaube ist keine bewiesene Thatsache, was Ricord und Blot demonstrirten. Die allgemeine Meinung sei keineswegs zu Gunsten des Berichterstatters.

In der Sitzung vom 24. Jan. 1865 tritt Trousseau auf aus Anlaß des in seiner Klinik vorgekommenen interessanten Falles von der 18jährigen jungen Frau, welchen er erörterte (siehe 1. Theil S. 29). — Trousseau findet die allgemeine Erhebung gegen den Berichterstatter Depaul wahrlich befremdend.

In was habe denn Depaul sich so gegen die Akademie verfehlt? Er habe in den akademischen Streitigkeiten vielfach Wahrheiten gesagt, welche nicht Jedermanns Geschmack seien.

Die „Enormität Depaul's" bestehe dießmal darin, daß er sagte, die Syphilis kann durch Vaccine übertragen werden, falls die Vaccine auf einem syphilitischen Kinde genommen wurde; dieß geschehe in sehr seltenen Fällen. — Und hieran könne sich die Akademie „skandalisiren"? Wahrhaftig, es sei nicht zu verstehen. Man glaube daran, wolle es aber sich nur ganz leise gestehen. Hier sei das in der medizinischen Hierarchie höchst gestellte Collegium versammelt, ein „erleuchtetes" und „erleuchtendes Corps." Es sei berufen, seine Stimme in allen Fragen vernehmen zu lassen. — Der Minister werde nicht gleich mit großen Buchstaben in Moniteur drucken lassen, caveant matres, La Vaccination donne la Syphilis, sondern wie gewöhnlich den Bericht in seinen Cartons behalten oder den Conseils d'hygiène schicken, welche ihn bereits in den medizinischen Journalen gelesen haben.

Ueber das Agens der Ansteckung, das Viennois im Blute findet, sei noch nichts sicheres bekannt. Wäre das Blut, der Lymphe beigemischt, zur Ansteckung hinreichend, müßte sie viel häufiger sein; unter 4000 jährlich in der Akademie geimpften Kinder sind 20 mit angeborener Syphilis, so daß also bei großer Anzahl Impfungen in derselben Sitzung mit syphilitischem Virus imprägnirte Vaccinallymphe eingeimpft werden muß. Unter mehr als 200,000 Kinder, die in der Akademie geimpft worden sind, ist nicht eines syphilitisch geworden. — Die Inoculation muß wie in dem Falle Pellizzari's mit ganz besonderen Maßregeln gemacht werden (Entblößung der Epidermis, Skarifikationen, worauf ein mit syphil. Blute getränkter Charpiebausch befestigt wird), und selbst dann kein sicheres Resultat. In dieser Weise erkläre sich die außerordentliche Seltenheit der Vaccinal=Syphilis. Mit der Syphilis verhalte es sich wie mit anderen ansteckenden Krankheiten. Einige Individuen widerstehen länger oder ganz und gar, andere werden auffallend leicht angesteckt. Bei jeder Epidemie könne diese Erfahrung gemacht werden. Contagiöse aber nicht epidemische Krankheiten, wie die Syphilis, können ausnahmsweise eine schreckliche Virulenz haben, und sonst nicht ansteckende Sekretionen verbreiten dann die Krankheit. Ricord habe gewiß noch in Erinnerung, als vor einigen Jahren fast alle junge Israeliten in Paris, welche beschnitten wurden, zuerst lokale, dann allgemeine Zufälle zeigten, welche man nur der Syphilis zuschreiben konnte. Es war stets derselbe Peritomist, welcher an der Synagoge in Paris beschnitt; nie war ähnliches Unglück vorgekommen und nie ist es seither wieder beobachtet worden. Der Beschneider nahm, nachdem er das Präputium abgeschnitten, den Penis des Kindes in den Mund und machte Saugbewegungen: eine alte Praxis, welche noch in vielen Judengemeinden existirt. Man wechselte die Instrumente, man nahm neue; Ricord machte die genaueste Untersuchung am Beschneider, ohne eine Spur von Syphilis zu finden, und doch war man genöthigt, an eine verborgene syphilitische Infection des Speichels zu glauben. Das israelitische Consistorium, von Ricord belehrt, verbot das Saugen nach der Circumcision und die Zufälle verschwanden. —

Aehnliche außergewöhnliche Fatalität kann bei der Vaccination vorkommen, daß ein Kind ohne sichtbare Zeichen an Syphilis leidet und durch Vaccination andere inficirt. Freilich sind solche Fälle sehr selten.

Die Prophylaxis anlangend, so habe Trousseau früher Gelegenheit gehabt, genau die congenitale Syphilis zu studiren, während 20 Jahren. Er könne als Regel aufstellen, daß die syphilitischen Manifestationen selten im Augenblicke der Geburt, sondern hauptsächlich zwischen dem 10. und 30. Lebenstage erscheinen. Freilich erscheine Syphilis auch später, aber nach dem zweiten Monat sei es schon sehr selten, und in seiner langen Laufbahn habe er nur zweimal nach dem 6ten Monat beobachtet. — Viele Aerzte mißkennen die ersten Manifestationen der Syphilis. Oft sei Koryza der erste Ausdruck des Uebels, gleich zu Anfang des Lebens; erst im zweiten Monat dann weitere Symptome. Oft sei blos Kachexie da, das Kind sterbe und bei der Sektion finde man gummata in der Leber oder Lunge, wie Fremy und Martineau öfters beobachteten. Man sollte also nie Vaccine von einem Kinde nehmen unter einem Monat, absolut alle Kinder mit Koryza oder Kacherie ausschließen, ebenso die, von welchen die Eltern verdächtig. Die Vaccine sei stets mit der Vorsicht zu nehmen, daß die Pusteln nie bluten. —

Freilich in Gebärhäusern zur Zeit von Pockenepidemieen müsse man die Kinder sogleich nach der Geburt vacciniren, denn hier dürfe man eher die seltene Gefahr der Vaccinal-Syphilis riskiren, als die große Gefahr der Variola, die fast stets in den ersten Lebensmomenten tödtlich.

Die Pocken sind eine so schreckliche Krankheit, daß sie um jeden Preis zu meiden sind, selbst wenn wir die Immunität mit einigen seltenen, fast imaginären, Gefahren erkaufen. — Wir vacciniren deßhalb, obwohl bewußt, daß Vaccination selbst unter den günstigsten Bedingungen zuweilen tödtliche Zufälle im Gefolge haben kann. Wer sah nicht, bei großer Praxis, vaccinirte Kinder sterben, auf deren Arm Erysipelas sich bildete, eine in den ersten Lebensmonaten so gefährliche Krankheit; wer beobachtete nicht tiefe Verschorfung der Haut und des Unterhautzellgewebes in Folge der Impfung!

Er wünsche, daß der Bericht Depaul's mit allen Diskussionen an den Minister geschickt werde.

In der Sitzung vom 31. Jan. 1865 trat Depaul wieder auf. — Die Akademie kenne jetzt seine Arbeit genau. Man wollte ihr einen revolutionären Charakter zuschreiben, welcher alles gefährde. Es sei aber ihr großer conservativer Charakter jetzt offenbar. —

Seine Mittheilungen haben die engen Grenzen dieser Versammlung überschritten und seien, in den verschiedenen Organen der wissenschaftlichen Presse discutirt, jetzt Beschäftigung des gesammten ärztlichen Standes. —

Es sei nur nützlich, daß die Aufmerksamkeit der Praktiker darauf gelenkt wurde, und aus den vielen Zuschriften zu schließen, habe er eine Frage berührt, über welche jeder schon lange aufgeklärt zu sein wünsche. Er sei fest und unerbittlich für das Wesentliche gewesen, aber stets akademisch, höflich und habe nie die Grenzen der Kritik überschritten. In der Antwort seines Gegners Ricord habe er nicht dieselben Tendenzen finden können. Nur mit seiner Persönlichkeit beschäftigt, habe derselbe unerhörte Anstrengungen gemacht, die

Diskussion irre zu führen und in sekundären Details die Hauptsache, um welche es sich allein handelte, verschwinden zu machen.

Einer alten Gewohnheit zur Folge wollte Ricord glauben machen, es liegen dem Urheber dieses Streites nur persönliche Motive zu Grunde, was derselbe noch mehr außerhalb dieser Versammlung accentuirte. Depaul sei erstaunt, wie ein Mann von Ricord's Werth und Stellung nicht begreife, daß solche Argumente weder seiner selber würdig sind, noch der Versammlung, an die sie gerichtet, und er stoße sie zurück als seiner unwürdig. —

Zuerst wollte Ricord mit Hülfe dieses Phantoms Depaul's Mittheilung diskreditiren und dann stellte er sich, um Eindruck zu machen, als ein Opfer dar, das man im Komplott vernichten wolle.

Ricord habe an die gute Confraternität und selbst an die akademischen „Convenances" appellirt, aber was denselben am tiefsten erregte, war der für ihn schreckliche Gedanke, daß die Doktrinen, welche während mehr als 20 Jahren seinen Ruhm gemacht haben, in einem an den Minister bestimmten Rapport Platz finden könnten, begleitet, wohl verstanden, von einer heutzutage untrennlichen Kritik. Deßhalb habe derselbe alle seine Batterien spielen lassen und selbst außerhalb dieser Versammlung Freunde gesucht.

Da solche Taktik demselben noch nicht genügendes Vertrauen einflößte, ließ er andere Beweise dazwischen kommen, die von derselben Kraft sind und stets die wissenschaftliche Frage, welche ihn allein beschäftigen sollte, bei Seite lassen. Sei es nicht eine große Gefahr der Vaccine neuen Prozeß zu machen und müsse man nicht sich aufhalten vor der Furcht, ihr einen unheilvollen Schlag beizubringen. Der jetzige Moment sei nicht der richtige, weil eine Pockenepidemie herrsche; allein fast jedes Jahr habe man Pockenepidemien. Der Feind bedroht jetzt nicht mehr als sonst und selbst wenn er vor der Thüre wäre, so ist der Moment stets günstig, um die Inconvenienzen der Vaccine zu vermindern.

Ricord sei auch schlecht inspirirt gewesen, als er sich an den gesammten ärztlichen Stand gewendet und von dessen erhöhten Responsabilität gesprochen habe. Diese wäre noch viel größer, wenn man unbekümmert um das Wahre im Dunkel beharrte, selbst wenn man die Wahrheit wissen könnte.

Depaul habe zu großes Vertrauen in den guten Sinn seiner Kollegen, um sie mit dem Glauben zu beleidigen, daß sie durch solche

Argumente erschüttert werden könnten. Diese sind der Art, wie sie Advokaten voranstellen um schlechte Sachen zu vertheidigen. Allein in dieser Versammlung müssen sie nach ihrem richtigen Werthe geschätzt werden.

Trousseau habe dieselben Doktrinen wie er (Depaul) vertheidigt! Und wie, wäre es nicht mehr möglich, die wissenschaftlichen Meinungen eines Kollegen zu kritisiren, ohne daß man eines Aktes persönlicher Feindschaft beschuldigt würde?

Was ihn (Depaul) betreffe, so protestire er und fahre fort; alles, was Ricord verlangen könne, sei, daß in der Diskussion über den Gelehrten der Privatmann respektirt werde. Diese Pflicht habe er stets erfüllt. —

Daß seinem Gegner nicht wohl sei, verstehe er gut. Ricord wollte, man beschäftige sich nicht mehr mit seinen Doktrinen, das sehe man zu deutlich.

Heute sei derselbe in der peinlichen Lage zwischen der Erinnerung alter Erfolge, welche er nicht sich verwischen lassen wollte, und neuer Ideen, deren Tragweite seinem hellsehenden Geiste nicht entgehen kann, die aber unglücklicher Weise nur zerstreute Trümmer dieser alten Schule du Midi übrig lassen, von welcher nur noch vom rein historischen Gesichtspunkte die Rede sei.

Auf dem Punkt, wo die Sachen jetzt stehen, zu was führe all dieser verzweifelte Widerstand? Zu nichts Nützlichem für die Wissenschaft, nicht einmal für den wissenschaftlichen Ruf eines Kollegen, der sich gewiß in sehr gutem Glauben getäuscht hat und in nützlichen Sachen noch genug findet der Nachwelt zu übergeben.

Nach diesen nothwendigen Präliminarien als Antwort auf einen Theil der Argumentation Ricords wolle er (Depaul) die Diskussion auf ihr wahres Terrain stellen:

1) Kann die Syphilis durch Vaccination übertragen werden?
2) Bei bejahender Antwort: Gibt es Maßregeln, um solches Unglück zu verhindern oder doch zu vermindern?

Ad 1 habe sein gelehrter Gegner einen großen Theil seiner Rede zu ganz unnöthigen Citationen verwendet, indem er (Depaul) ja selber erklärte, daß bis in die letzten Jahre diese Negation der Glaube der großen Majorität der Aerzte gewesen sei. Zu den Zeugnissen von Husson, (Recherches historiques et médicales sur la vaccine. 3° édit. Paris. 1803.), Steinbrenner, (Traité sur la vaccine. Paris. 1846),

Bousquet, (nouveau traité de la vaccine, Paris. 1848) hätte Ricord die der Mehrzahl der Aerzte, welche über Vaccine geschrieben haben, beifügen können. — Depaul selber habe ja die negativen Resultate von Bibard, Taupin u. a. citirt. Auch begreife er nicht, wie Ricord das am wenigsten beweisende Dokument citiren konnte, das auf Befehl der Königin von England 1857 dem Parlamente vorgelegt wurde. Die Antworten der Meisten seien nicht besonders kompromittirend und viel zu allgemein. — Depaul habe bei seiner Kenntniß der allgemeinen Meinung der Aerzte über diese Frage nicht einmal ein solches Resultat vermuthet, daß von 527 Antworten 40 zweifeln, sechs einfach bejahen, zwei bejahen gestützt auf Beobachtungen. Diese acht positiven Affirmationen und die von 40 ausgesprochenen Zweifel beweisen, daß die Möglichkeit der Transmission der Syphilis durch die Vaccination nicht so viele Ungläubige zählte, als er (Depaul) sich einbildete.

In den letzten Jahren aber haben sich viele Stimmen erhoben, um die Realität der Vaccinal-Syphilis zu bestätigen. Selbst die meisten Schüler Ricord's verließen ihn in diesem Punkt, wie in so manchem andern. Um nur einen zu citiren, Diday schrieb neulich, daß die Transmission der Syphilis durch Vaccination aus dem einfachen Glauben, in den Rang vulgärer Vorurtheile verbannt, eine Thatsache geworden sei, welche sich auferlege im Namen der Wissenschaft.

Dr. Heinrich Lee (siehe Leçons sur la Syphilis, trad. par Baudlot, Paris, 1863) hat die Ansichten einiger hervorragenden Aerzte bekannt gemacht, welche sich für die Existenz der Vaccinal-Syphilis aussprechen.

Dr. Bamberger in Würzburg sagt, er sei wahrhaftig überzeugt, daß die Syphilis zugleich mit der Vaccinallymphe inoculirt werden könne. —

Dr. Ackerly von Liverpool, Dr. Barber von Stamford, Complin, Dr. Lever im Guyhospital haben die gleiche Ueberzeugung.

Es sei unnöthig, mehr Namen zu citiren. Eine Reflexion Dr. Lee's finde hier Platz: „Man erinnere sich, daß diese Ansichten in einer Periode herrschten, in welcher fast alle Aerzte die Lehren Ricord's theilten, d. h. daß die Effekte syphilitischer Inoculation sogleich sich manifestirten. In jener Zeit glaubte man nicht, daß syphilitische Zufälle später erscheinen könnten, wenn schon eine Woche verflossen, ohne daß der Kranke irgend ein Krankheitssymptom zeige."

Depaul sei also nicht der Einzige, welcher glaube, daß die Doktrinen des Hôpital du Midi zum großen Theil dazu beigetragen haben, während langer Zeit die Existenz der Vaccinal-Syphilis zu verbergen. —

Depaul citirt nun Verschiedenes, was Ricord gesagt und geschrieben, im Jahr 1838 und 1856, 1858, 1859 aus Anlaß des Berichtes von Gibert an den Minister, eine Art Bekehrung Ricord's, aber nicht von Dauer, wie er 1862 zeigte.

Ricord beklage sich bitter, daß man seine syphilographischen Doktrinen hier herein gebracht habe, allein die Frage der Vaccinal-Syphilis ist innig verbunden mit der Frage der Transmission der Syphilis im Allgemeinen.

Was die Impfbarkeit der sekundären syphilitischen Produkte betrifft, so ist diese Frage entschieden. Die Experimente von Wallace, Waller, Rinecker, Velpeau, Vidal, Bouley, Auzias-Turenne, Gibert haben längst Jedermann überzeugt. —

Die Fälle dieser Art von sekundärer Ansteckung, wo bald ein Mann, bald eine Frau, obwohl nur an sekundärer Syphilis leidend, doch Syphilis übertragen, oder wo ein Neugeborenes seine Amme ansteckt oder seltener diese ihren Säugling, zählt man gar nicht mehr.

Die Transmission der Syphilis durch die Inoculation des Blutes ist ebenfalls festgestellte Thatsache mittelst des von Pellizzari an 3 Aerzten 6. Febr. 1861 angestellten Versuches, von denen bloß einer (Dr. Bargioni) angesteckt wurde. Nun widerlegt Depaul die von Ricord ihm bezüglich einiger erwähnten Fälle von Vaccinalsyphilis gemachten Einwände. — Ricord habe im Zerreißen der Thatsachen ein fehlerhaftes System und das System gegenseitiger Unterstützung führe viel eher zur Wahrheit, wie vorliegende Frage beweise. Ricord werde sich keinen Spaß mehr hierüber erlauben und die Beobachtungen mit mehr Rücksichten aufnehmen.

Depaul citirt mehrere neuere Beobachtungen von Vaccinal-Syphilis (die schon im ersten Theile erwähnt sind). Er habe gerathen, Vaccine wo möglich von zwei- und dreimonatlichen Kindern zu nehmen, und hoffen können hierin wenigstens den Beifall Ricord's, als für eine seiner alten Lehren sprechend, zu erhalten. Allein wieder eine verlorene Illusion! —

Das Mittel der animalen Vaccination und insbesondere von der Kuh, da man auf Pferdepocken verzichten müsse, wegen des Rotzes, sei noch gründlich zu studiren.

Depaul resumirt in folgenden 11 Punkten:

1) Durch die aufgezählten Thatsachen ist Transmission der Syphilis durch Vaccination bewiesen.

2) Klinische und experimentelle Demonstration von der Transmission der Syphilis durch das Blut und sekundäre syphilitische Produkte haben dieses traurige Resultat ahnen lassen. —

3) Die Fälle der Vaccinal=Syphilis bilden unendlich seltene Ausnahmen.

4) Sie werden noch seltener durch minutiöse Vorsicht in der Vaccination.

5) Die Akademie, welche die Pflicht hat über die unsterbliche Entdeckung Jenner's zu wachen, hat die Aufgabe, alle legitimen Beunruhigungen der Aerzte zu beseitigen, welche bald mit Uebertreibung auch unter das Volk gelangen würden.

6) Man muß nie vor der Demonstration einer wissenschaftlichen Wahrheit zurückschrecken.

7) In Betracht der ärztlichen Verantwortlichkeit ist es sogar gefährlich, sich gegen die Wahrheit zu verschließen.

8) Nichts ist hienieden vollkommen; allein wenn alle Vorsichtsmaßregeln, welche die Wissenschaft lehrt, genommen sind, kann das Gewissen ruhig sein.

9) Vaccine, selbst unvollkommen, ist eine große Entdeckung.

10) Animale Vaccination ist zu studiren.

11) An den Minister sind die Resultate dieser Verhandlungen abzuschicken.

Ricord. Sitzung des 7. Febr. 1865. Ricord erklärt, er habe auch die Unterscheidung der Person und des Gelehrten gemacht, da er sich an den „Berichterstatter" adressirte.

Er sei angeklagt stets persönelle Fragen in Streitigkeiten zu finden, welche nur wissenschaftlich sein sollten. Ja, sie sollten es sein, aber Depaul habe durch seine Rede den Streit auf das Terrain der Persönlichkeiten gestellt. Mit welcher Sorgfalt und welchem Wohlwollen habe Depaul die Geschichte seiner Doktrinen und seine Bibliographie gegeben. Ricord acceptire diese Revue, allein er acceptire nicht, daß seine Arbeiten während langer und arbeitsvoller Laufbahn sich in einem Punkt der Lehre Hunter's resumiren, welchen er vertheidigte, weil er ihn mit Ueberzeugung angenommen habe.

Depaul habe seine gewöhnliche Taktik gebraucht, welche darin bestehe, ihn mit Gewalt überall in absoluter Negation zu erhalten. Derselbe lege einen sehr schmeichelhaften Werth seiner Zustimmung bei, und er danke ihm für die zuerkannte Autorität. Depaul scheine nicht eher befriedigt, als bis er (Ricord) proklamirt habe, von nun an verbreite sich Syphilis nur durch die sekundären Zufälle und durch die Vaccine. — Waren denn die citirten Zeugnisse von Moreau, Bonsquet, Velpeau, Rayer gegen Transmission der Syphilis ohne Werth? und doch lag hier kein doktrinales Vorurtheil zu Grunde. Und warum habe Depaul den vom englischen Gesundheitskomite gestellten Fragen nicht geantwortet? Entweder aus Mangel an Wissen, und dann sei Depaul nicht weiter vorangeschritten als Andere; es ist leicht zu antworten, man wisse nicht, man glaube nicht; oder aber seine Ueberzeugungen seien älter und dann habe er in seiner offiziellen Stellung große Schuld auf sich geladen. Depaul scheine im Nothfalle sich zwei Meinungen aufgespart zu haben.

Ricord hätte die Beobachtungen in Rivalta, im Hotel Dieu, die von Lecoq keineswegs zurückgestoßen, wie die hartnäckige Taktik Depaul's zu verstehen gebe. Nein, er läugne diese Thatsachen nicht, aber er erkläre sie, er diskutire sie. Es sei sein Recht und er halte daran fest. — Die wahrscheinlichen anerkenne er als wahrscheinlich, aber nicht als gewiß, und es sei dieß klug, weil so ernste Schlüsse daraus zu ziehen sind. Die wenigen Beobachtungen mit dem Charakter der Sicherheit diskutire er nicht. Ihm überall und immer die Negation zuzuschreiben, das sei ein bequemes Manöver.

Sitzung vom 14. Febr. 1865. Ricord fährt in seiner Entgegnung fort: Ueber die Frage der Garantien sei nicht viel zu sagen. Es sei nichts, rein nichts, als Zweifel hinzugefügt worden.

Die Gesundheit der Eltern gebe keine absolute Garantie. Die Erfahrung habe es gezeigt. Vor einigen Jahren sei Syphilis bei einem Kinde gewesen, dessen hereditäre Transmission einem Kavallerieoffizier zuzuschreiben war. Ricord erklärt, daß wenn es statt eines Offiziers der Kavallerie — „der leichten, ohne Zweifel" — es, unmöglicher Weise ein respektables Mitglied der Gesellschaft von St. Vincent de Paul gewesen sei, so hätte er doch die Beobachtung erwähnt, ohne irgend Jemand zu kompromittiren. —

Was das Alter des Impflings anlange, so sei es von De=
paul zwischen zwei und drei Monaten fixirt und doch gebe es viele
Ausnahmen. — Es sei sicher, daß die Zeit, in der die Eltern an Syphilis
gelitten, und die stattgefundene Behandlung die Epoche der Manifesta=
tion bei den Kindern influenziren und die alltägliche Erfahrung zeige
klar, daß der retartirende Einfluß der Behandlung insbesondere un=
bestimmt retarbiren kann. — Die Argumentation habe diese Fragen
nicht einmal gestreift und einfach da schwarz gesagt, wo er (Ricord)
weiß gesagt. — Er (Ricord) stoße das Absolute zurück, welches
in der Medicin nur zum Unmöglichen oder zum Absurden führe.

Die Frage von der syphilitischen Ansteckung durch das Blut
sei sehr wichtig und interessire ernstlich die ärztliche Responsabili=
tät, so daß man sich versichern sollte, ob man Vaccinallymphe
ohne jegliches Blutkörperchen bekommen könne, unter Garantie des
Mikroskopes. Diese Frage sei sehr ernst. Denn wäre wahrhaftig
bewiesen, daß die vaccino=syphilitische Ansteckung nur durch das Blut
geschehen könne und dieß zu vermeiden wäre, so sei jede syphilitische
Infection nach der Vaccine dem Arzte zuzuschieben, weil er schlecht
geimpft habe. Man wisse, wohin das führen könne. — Alle hier
Versammelten wollen den Fortschritt der Wissenschaft und jeder trage
dazu bei.

Devergie. Sitzung des 14. Febr. 1865. Devergie beschuldigt Depaul
und Ricord aus einer Frage der Thatsachen eine Frage der Lehre
gemacht zu haben.

Als Depaul seinen Bericht in der Akademie vortrug, seien drei
ungleiche Kategorien gewesen: Wenige theilten dessen Ueberzeugung,
wie Devergie; eine größere Anzahl zweifelte an der Möglichkeit; die
weitaus größte Zahl der Mitglieder war positiv entgegen. Nachdem
zwei Gegner gesprochen, haben sich die Ansichten merkwürdig ver=
ändert. Nur ein kleiner Theil sei jetzt noch dagegen.

Einer der Haupteinwürfe gegen die Beweise Depaul's war Man=
gel der Certifikate des (syphilitischen) Ursprungs. Gegen dieses De=
sideratum erhebe er sich. Nach der Idee der Opponenten sollten sie
nicht bloß Certifikat des Ursprunges, sondern auch Certifikat des
Depôt (der Syphilis) fordern. Allein es ist unmöglich diese zwei
Certifikate zu erlangen. Dieß wird bewiesen mit mangelhaften Aus=
sagen und Untersuchungen: Eine syphilitische Dame habe ein scheinbar

gesundes Kind geboren. Außer deren Gemahl hätten noch drei andere Personen gerechten Anspruch auf die Vaterschaft. Wo hier das Certifikat hernehmen? — Mit Unrecht lege man so großen Werth darauf. Die Wissenschaft selber soll man auch hierin befragen. Die Evolution der primitiven wie der sekundären Zufälle sei bekannt und regelmäßig, mit beschränkten Incubationsperioden.

In den erwähnten Fällen der Transmission findet man: bei den einen hatte die Vaccine regelmäßigen Verlauf und warum? Die Vaccine hat nur drei Tage Incubation, während das primitive Symptom der Syphilis zehn Tage. Vaccine hört da auf, wo die Syphilis beginnt. — Erst nach drei Wochen, einem Monat, fünf Wochen haben sich bei den Kindern die sekundären Symptome gezeigt. — Ist dieß nicht ein treues Bild der syphilitischen Inoculation. — Daß jene Phänomene wirklich syphilitisch waren, darüber kann kein Zweifel sein. —

In Paris existirt ein Ammenbureau, wo jährlich 2200 Ammen aus der Normandie, aus Burgund, Nivernais aufgenommen werden. Jede Amme erhält ein Kind von vier, sechs, acht Tagen und kehrt in ihre Heimath zurück. Die Amme wird vom Spitalarzt untersucht, ebenso der Säugling. — Millard war achtzehn Monate in diesem Dienste und sagte, syphilitische Kinder seien so selten, daß er keine Zahl angeben könne. Er selber sei drei Jahre im Dienste dort gewesen und habe höchstens ein Kind im Jahre wegen Syphilis zurückgewiesen. — Die Kinder werden von besonderen Aerzten auch in der Normandie, in Burgund beobachtet und für die Anzeige der Syphilis bekommt die Amme noch eine Indemnität, so daß eine Statistik der congenitalen Syphilis bis in's Alter von achtzehn Monaten möglich ist. In einem mittleren Jahre rechne man 10, wenn es hoch komme 15 syphilitische Kinder auf 2200, also eines auf 170. —

In dem Fall des Prof. Cerioli wurden von 46 vaccinirten Kindern 40 syphilitisch, oder sechs von sieben, so daß hier wirklich Syphilis durch Vaccine übertragen sein muß. —

Werde der Bericht an den Minister geschickt, so lese ihn vielleicht der Minister selber oder doch ein Bureauchef. Der Bericht müsse lebhafte Aufmerksamkeit erregen, könne unter Umständen den Präfekten, von diesen den Unterpräfekten und den Maires mitgetheilt werden. Alle Maires Frankreichs wären dann von dem Umstande in Kenntniß gesetzt, daß die Vaccine Syphilis übertragen kann und zwar ohne sichere

Präventivmaßregeln. — Die Akademie dürfe nicht bloß das Uebel anzeigen, sondern müsse auch Gegenmittel aufsuchen. Eine besondere Kommission soll hiezu niedergesetzt werden.

Briquet. Sitzung vom 21. Febr. 1865. Briquet: Die Frage von der Transmission der Syphilis durch die Vaccination sei eine der ernstesten. Von einem Feinde der Vaccine erhoben, hätte sie allgemeinen Tadel gefunden, aber von einem Impfdirektor der Akademie, einem der kompetentesten Männer, verdiene sie die volle Aufmerksamkeit. Darüber sei Jedermann einig, in die Oekonomie eines gesunden Kindes ein Gift wie das syphilitische einzuführen, welches das Kind auf Lebenszeit inficirt und selbst seine Posterität influencirt, ist eine der ernstesten Sachen medizinischer Praxis. — Ist Transmission möglich, welche Responsabilität für den Arzt bei der einfachsten Vaccination, da er ohne alle Garantie sich findet! Ueberdieß, wenn das Publikum einmal von der Möglichkeit einer solchen Sache weiß, so ist der Arzt der Gefahr ausgesetzt, von allarmirten, übelwollenden und geldgierigen Familien wegen Schadenersatzes belangt zu werden. Die Stellung des Arztes ist dann nicht mehr haltbar. Für so kleine Operation sich einem Prozeß auszusetzen, der selbst bei günstigem Ausgange dem Arzte 6 Monate Unruhe, Widerwärtigkeiten macht und bei schlechtem Ausgang denselben in Strafe bringt! Auch der Schlag gegen die Vaccine sei eben so groß. Die jetzt schon so besorgten Mütter werden nicht mehr impfen lassen, wenn sie von Transmission der Syphilis hören.

Täusche man sich nicht, die Zulassung der Möglichkeit der Syphilis-Infection wird der Vaccination unheilvollen Schlag geben.

Unter einer halben Milliarde Vaccinirter seien 191—200 syphilitisch durch Vaccine, 155 in Italien, 27 in Deutschland, 7 in Frankreich, 2 in England.

Zu solcher Anomalie kommt eine zweite ebenso große. Das Agens, welches Syphilis übertragen soll, ist Lymphe oder Blut, allgemeine ökonomische Flüssigkeit.

Im Menschen ist alles Gift Produkt kranker Thätigkeit, nur in der Vaccinallymphe und nirgends anders finde sich Vaccina. Die Syphilis, primitiv oder consecutiv, könne nur durch syphilitischen Eiter übertragen werden. Die Mittheilung der Syphilis durch das Blut oder die Lymphe mittelst Vaccination sei Ausnahme. — Wie solle man also so seltene Ausnahmsfälle als wahr gelten lassen! Voltaire hatte gesagt, „er nehme nur dann ein Wunder an, wenn es auf öffentlichem Platze gesehen worden wäre am hellen Tage und constatirt von einer Kommission der Akademie der Wissenschaften, begleitet von einem Garderegiment, um die Esel zu entfernen." Er sei zwar nicht so schwierig wie Voltaire, aber er nehme nicht, wie Depaul, an, daß eine Zusammenstellung von Thatsachen, obwohl unvollständig, genüge, um eine Wahrheit zu constatiren, und daß ein Fall den andern supplire. Gerade so sei man früher in der Justiz verfahren. Bei Anklagen gab es halbe Beweise, Viertel und Achtel, so daß zwei Achtel, ein Viertel und ein halber Beweis durch Vereinigung einen ganzen Beweis bildeten, welcher genügte, um die Verurtheilung der Angeklagten herbeizuführen. — Die Philosophie habe schon lange die Nichtigkeit einer solchen Classification gezeigt. —

Briquet sucht dann die einzelnen Thatsachen zu entwerthen, so den ersten Fall Cerioli's als veraltet, aus einer Zeit der Vorurtheile, von einem Landarzt beobachtet, ohne wissenschaftliche Garantie ꝛc. Es sei syphilitische Ansteckung auf anderem Wege gewöhnlicher Art, daß hier Mütter, Ammen längst zuvor syphilitisch gewesen und die Kinder angesteckt hätten. Von den Gatien, Männern des Dorfes sei keine Rede gewesen.

Auch der zweite Fall, der 24 Jahre alt sei, biete exacte Wiederholung des ersten. In den zwei Fällen des Dr. Adelasio seien keinerlei exacte Beweise. — Der Fall in Rivalta sei von Ricord schon analysirt als unvollständig, ungenügend. — Die Communication der Syphilis durch Vaccination sei aber nicht unmöglich und deßhalb wünsche er eine Kommission, welche die Sache gründlich studire.

Sitzung vom 21. Febr. 1865. Gibert: Auf Grund der langen Debatten erkläre er mehr als je die Diskussion der Frage der Vaccinal-Syphilis für verfrüht. — Es sei erlaubt, angesichts so ungewöhnlicher und seltener Sachen im Zweifel zu bleiben.

Man habe gesagt, die Vaccinal-Syphilis sei naturgemäß abzuleiten aus dem neuerdings erzielten Resultate von der Einimpfung sekundärer syphilitischer Produkte, allein irrthümlich. Die mögliche Ansteckung sekundärer syphilitischer Produkte war längst vor diesen Impfversuchen bekannt. —

Warum aber solche Zweifel einer hierin so incompetenten Admi=
nistrations=Behörde mittheilen? Auch er wünsche gründliches Studium
der Vaccinal=Syphilis. —

Bouvier. Sitzung vom 28. Febr. 1865. Bouvier: 19. Mai 1863
sagte Ricord: „J'ai d'abord repoussé ce mode de transmission de la
vérole par la vaccination. Les faits se reproduisant et paraissant
de plus en plus confirmatifs, j'ai accepté la possibilité de ce mode
de transmission, je dois le dire, avec réserve, si vous le voulez
avec répugnance.
Mais aujourd'hui, je n'hésite plus a proclamer leur réalité."
1865 war diese formelle Erklärung von 1863 durch Zweifel er=
setzt, welcher von Seiten einer so hohen Autorität in Syphilographie
neue Zweifel bei andern hervorbringen mußte. —
Er wolle einiges Licht in diese Ungewißheit bringen. — Der
Bericht Depaul's gebe nur einen Theil der Wahrheit, nur eine kleine Zahl
der Fälle. Selbst Verdoppelung der Zahl der Opfer sei noch unter der
Wahrheit. — Einige Fälle citirt. — Bouvier verweist auf die gelehrte
und gewissenhafte Arbeit von Pacchiotti über Rivalta. Der Ausgangs=
punkt der Syphilis war ohne allen Zweifel der Arm der vaccinirten
Kinder und mögen auch einige Umstände unbekannt, zweifelhaft sein,
mögen Fälle latenter Syphilis dabei sein, mögen intermediär Vacci=
nirte Syphilis übertragen, ehe sie selber Spur davon zeigen, dieß alles
kann doch den Fundamentalsatz der Realität der Vaccinal=Syphilis
nicht mehr umstoßen, der auf so breiter Basis festgestellt ist.
Ricord habe gesagt, daß einige wenige Thatsachen existiren, welche
er als real gar nicht discutire. Man müsse bedauern, daß sie nicht
näher bezeichnet seien. Für ihn (Bouvier) seien alle diese Thatsachen
ähnlich und gerade diese Uniformität mache deren Stärke. Die Syphilis
habe nicht einen zufälligen, sondern nach Gesetzen geregelten Verlauf.
Man spreche von Endemien. Allein Coggiola in Rivalta hat
während seines 23jährigen Aufenthaltes dort nie Syphilis gesehen.
Marone sah nie vorher Syphilis in Lupara. Die schnelle an's Wun=
derbare gränzende Ausbreitung der Krankheit erklärt sich natürlich durch
die Zahl der zuerst Inficirten, durch die Unreinlichkeit des italienischen
Volkes, durch die Anhäufung armer Familien, durch Vernachlässigung jeder
Vorsichtsmaßregel bei diesen armen Leuten, welche von der Natur der

Krankheit keine Ahnung hatten. — Die große Mortalität erstreckte sich besonders auf die Kinder, und man kennt die große Mortalität der Kinder in niederem Alter, welche an konstitutioneller Syphilis leiden. Bouvier führt in Kürze weitere Fälle von Vaccinal-Syphilis an. Man veröffentliche nicht alle Fälle von Vacc.-Syphilis. Marone schwieg 6 Jahre über die Vorgänge in Lupara und hätte sie nie erzählt ohne die Vorgänge in Rivalta. — Im englischen Blaubuche von 1857 sind unter 539 Zeugnissen 11 für die Realität der Vaccinal-Syphilis. Ackerley, Bamberger, Guersant, James, Lever, Marnock, Martin, Mordey, Startin, Stromeyer, Welch, (General Board of health, Papers relating the Vaccination. London. 1857. Nro. 2. 29. 216. 266. 302. 329. 332. 352. 450. 458. 508.) —

Die Leidenschaft führte beide Parteien irre, und die Wahrheit wurde unter den gegenseitigen Schlägen erstickt. Die weisen Männer schwiegen, aus Furcht, der Vaccine zu schaden.

Die negativen Erfahrungen können weder nach Zahl noch nach Natur so große Wichtigkeit haben. Ueberall bei vielfacher Ansteckung bleiben einige frei, ohne daß dadurch die Realität der Ansteckung der anderen beeinträchtigt ist. — Ob die Ansteckung blos durch das Blut geschehe, das sei noch nicht zu entscheiden. — Die vaccino-syphilitische Ansteckung sei nach gemachter Auseinandersetzung nicht so wunderbar selten, wie Trousseau in's Blaue hinein gesagt und Briquet in Phantasiestatistik übertragen habe. Die Wahrheit läßt sich nicht unterdrücken. Diene man den Interessen der Vaccine, wenn man die Augen gegen ihre Unvollkommenheiten verschließe, statt sie zu verbessern?

Die Wiederkehr des Unglücks zu verhüten, das sei jetzt Aufgabe. In der Akademie aber habe es geheißen, diese ganze Sache sei nicht zu berühren, da man kein Mittel kenne, um die Transmission der Syphilis durch Vaccine zu verhüten. Nach dem Unglücke in Rivalta veranlaßten die italienischen Aerzte ein ministerielles Dekret Ricafoli's an die Präfekten mit folgenden Maßregeln:

1) Genaues Register der Impfträger und der Impfärzte, um im Nothfalle stets die Quelle zu wissen.

2) Sorgfältige Erforschung des Gesundheitszustandes der Impfträger und Entfernung aller verdächtigen Kinder.

3) Womöglich 4monatliche, mindestens 3monatliche Impfträger.

4) Impf-Nadeln ad hoc, nie Lancetten, welche sonst noch gebraucht wurden.

Könne man in Frankreich nicht ähnliche Maßregeln nehmen? Die doppelte Anklage, daß diese Maßregeln wirkungslos und unzuläffig seien, ist ungegründet. — Man kenne doch die Familien, ob sie gesund oder syphilitisch sind, durch längere Beobachtung und erst dann impfe man. Es laffen sich doch gesunde Impfträger finden, und das Alter sei eine nützliche Garantie. Roger in seiner Syphilis infantile gibt an: 249 Kinder mit hereditärer Syphilis, 118 mit syphilitischer Manifestation im ersten Monat; 217 vor Ende des dritten; 32 Kinder nur oder ein Achtel hatten Symptome nach dem dritten Monat. (Union médicale t. XXV. nouv. sér. 1865. p. 203.) So seien es in den meisten Fällen also wirksame Maßregeln. — Auch seien es keine unzeitigen Maßregeln, da an der Realität der Vaccinal=Syphilis Keiner mehr zweifeln kann. Die Akademie dürfe nicht, wie bei der Frage der Revaccination, sich vom Fortschritt in's Schlepptau nehmen laffen, sondern müffe vorangehen. Die Gefahr sei doch dringend, morgen könne vor den Augen der Akademie ein neues Rivalta entstehen. Der Bericht sei ja für das medizinische Publikum. Der Minister werde eher zu wenig als zu viel thun, weil der Geldpunkt als neuer Faktor zu dieser Frage komme.

Die Akademie soll die Aerzte erleuchten und sagen, was sie für gut und nützlich halte. 1830 sagte die Akademie: es sei bewiesen, daß Syphilis und andere konstitutionelle Krankheiten durch Vaccine nicht mitgetheilt werden; hat die Akademie von 1865 nicht ihre Ansichten geändert?

Bousquet. Sitzung vom 7. März 1865. Bousquet, der frühere Impfdirektor, Vorgänger von Depaul und mit Ricord Hauptgegner:

Er sagt, die Impfung sei seit undenklicher Zeit im Orient praktizirt worden, als sie 1721 nach London kam. Mit außerordentlichem Mißtrauen wurde sie aufgenommen. Man machte Versuche an drei Verbrechern mit Erfolg. Verbreitung der neuen Methode zuerst bei den Großen, dann bei den Kleinen. Allein stets heftige Angriffe. Als 1800 unter Woodville die Vaccination nach Frankreich kam, dieselben Vorgänge. 1824 das erste Beispiel von vaccinaler Syphilis oder syphilitischer Vaccine, nach Belieben, denn beide Benennungen seien gleich unglücklich; später werden mehr Fälle erwähnt. Allein diese Unglücksfälle zeigten sich nie den bestgestellten Männern. Huffon, er, Depaul selber haben deren in ausgedehntem Beobachtungsfeld nie gesehen. — Die Vaccinal=Syphilis scheint in der Armee unbekannt, da in den alljährlichen Rapporten der Militärärzte nichts sich findet, und doch sollte sie hier sich zeigen, indem die nicht vaccinale Syphilis unter den Soldaten so verbreitet ist und sowohl Vaccination als Revaccination auf Befehl des Kriegsministers in der ganzen Armee mit Sorgfalt gemacht wird.

Während 30jähriger Laufbahn seien nur drei- oder viermal zu den Vaccinationen in der Akademie der Syphilis verdächtige Kinder gebracht worden; er habe sie doch wie die übrigen vaccinirt und den Impfstoff absichtlich weiter verbreitet, ohne Scrupel, unter dem Schutz der Autorität seiner Lehrer; nie habe er sein Vertrauen und seine Kühnheit zu bereuen gehabt. Er könne versichern, daß er seine volle Aufmerksamkeit darauf gerichtet habe. — Experientia fallax! Nie habe Hippocrates eine größere Wahrheit gesagt. Ja! Erfahrung trüge. Unter Erfahrung verstehe er wie Hippocrates — Beobachtung der Natur. Und doch ist sie nothwendig, da sie die Basis aller unserer Kenntnisse ist, aber es gibt Thatsachen und Thatsachen. Je mehr er im Leben voranschreite, um so mehr überzeuge er sich, daß eine legitime Interpretation derselben nothwendig ist; sonst sind es die Thatsachen, welche die Wissenschaft zu Grunde richten. Nein, man ist nicht mißtrauisch genug gegen dieselben, man acceptirt sie zu leicht unter ihrer Etiquette ohne Examen. Mit ein wenig Geschicklichkeit kann man dieselben alles sagen machen, was man will; sie waren für alle Systeme seit Themison bis auf Broussais; sie autorisiren jede Praxis, selbst ganz entgegengesetzte und lächerliche. — Verzeihung für diese unwillkürlichen Reflexionen.

Geburtsort und Geburtstag der Vaccinal=Syphilis sind unbekannt. Es ist uns deren Feier erspart. Unter den citirten Fällen ist der von Trousseau beobachtete von besonderem Interesse. — Trousseau ist hiebei indirekt auf dem Wege der Ausschließung zu seiner Annahme gelangt. Zweifel sind aber immer noch erlaubt. Die junge Frau hatte Granulationen am Uterus, waren es aber wirklich Granulationen? Man täuscht sich oft. Man hält für Granulationen die Fleischwärzchen einer Ulceration, deren Anblick, momentan verändert, in Relief erscheinen läßt, was hohl ist, und in den Augen des Beobachters die Ulceration selber transformirt. — Diese durchaus praktische Bemerkung konnte nur von geschickten und geübten Praktikern gemacht werden. Sie ist von Desormeaux, damals Chirurg von Lourcine*), jetzt in Necker.**) Oefters selber dadurch getäuscht, gesteht er es offen seinen Zöglingen, um sie vor gleichem Irrthume zu bewahren.

Warum aber so viel Zweifel und Mißtrauen gegen die Beobachtungen der Vaccinal-Syphilis? Weil eine Syphilis direkt oder indirekt aus der Vaccine entstanden, etwas Unerhörtes „Monstruoses" zu sein scheint; „cela choque le bon sens et les notions les plus élémentaires de la pathologie."

Was die Sinne bestätigen, läugnet der Geist, und da der Geist höher als die Sinne, schmeichelt er sich, daß der Sieg ihm bleiben werde. Erzogen in diesen Prinzipien betrachte er (Bousquet) die Frage jetzt von einem anderen Gesichtspunkte. Bis jetzt sei sie nur nach Thatsachen examinirt worden, er wolle sie in Kürze nach **Prinzipien** betrachten.

In jeder Wissenschaft, jeder Kunst, jeder Industrie, gibt es Regeln, Prinzipe, Gesetze, unter welche neue Thatsachen sich ordnen im Verhältnisse, als sie sich produziren. Wehe denen, welche sich dagegen sträuben. Alle großen Geister haben dieselben zu verbinden sich bemüht. Was that nicht das Genie von Geoffroy St. Hilaire, um alle Fälle von Monstruositäten auf die Einheit der Komposition zurückzuführen, welche er als das große Gesetz des Thierreiches aufstellte und auf welchem er sein System aufgebaut hat. Eines der best begründeten Prinzipien der Pathologie bezüglich des Contagiums ist, daß das Virus, aus Samen entstanden, durch Zeugung sich fortpflanze. Einige Virus erzeugen sich von selbst, das heißt durch die Lebenskräfte des Organismus unter dem Einflusse gemeinschaftlicher Ursachen, wie der Typhus; ganz sicher ist, daß sie, einmal vorhanden, neue Keime bilden, welche dieselben wieder erzeugen und verbreiten nach Art der Pflanzen und der Thiere, ja noch viel exakter, denn in

---

*) Specialspital für venerische Frauen im Faubourg St. Jacques, mit 276 Betten; in der Nähe ist das Hôpital du Midi, Specialspital für venerische Männer, mit 336 Betten. Bis zum Jahre 1836 wurden im Hôp. du Midi Syphilitische beiderlei Geschlechts behandelt. Hôpital de Lourcine war vorher ein Kloster der Cordelières, Midi ein Kapuzinerkloster.

**) Spital im Westen von Paris gelegen, mit 447 Betten. Es gehört zu den best eingerichteten Spitälern. Seinen Namen führt es zu Ehren Necker's, des Ministers von Louis XVI.

der Familie der Virus gibt es weder Vermischung noch Kreuzung „ni mulets, ni métis, enfin rien d'hybride." Alles geht einfach vor sich und nach den Regeln strikter Legitimität.

Jedes Virus hat seine ihm eigenthümliche Konstitution, Natur, Individualität. Man kann sie vernichten, aber nie transformiren. Mischt man sie untereinander, so ist es eine Frage, ob sie sich neutralisiren. Indessen nach Auzias-Turenne hätte ein Arzt in Christiania (Böck) das Vaccinalgift im syphilitischen Gift erstickt. Er (Bousquet) habe Vaccinavirus mit Variolavirus gemischt und beide mit einander inoculirt. Beide Virus haben sich ruhig entwickelt und jedes hatte seinen eigenen Verlauf, als wären sie getrennt inoculirt worden. Dieß kann man auch in allen Epidemien sehen. Hat man je Vaccine, von Variolösen genommen, die Variola mittheilen sehen oder umgekehrt? Und doch sind Variola und Vaccina unter sich unzweifelhaft verwandt, sie sind gleichsam von demselben Blut, dienen eine der andern als Kaution. Er halte diese Prinzipe für wahr, für gewiß und in ihrem Namen, d. h. im Namen des Gesetzes, das die Virus beherrscht, erkläre er die Transmission der Syphilis durch die Vaccine wenn nicht für unmöglich, doch für sehr unwahrscheinlich.

Aber wie einem Reisenden sagen, das, was er gesehen zu haben versichert, habe er nicht gesehen, wie einem Beobachter sagen, er habe sich getäuscht! Nicht Jedermann hat die Geistesfeinheit von Fontenelle, der einer Person, welche Unglaubliches erzählte, antwortete: „Weil Sie es sagen, glaube ich es. Wenn ich es gesehen hätte, würde ich es bezweifeln." — Er bleibe im Zweifel, in jenem philosophischen Zweifel, welcher frei von jedem „Engagement" den Geist jeder Wahrheit stets offen läßt.

Wer kann sich schmeicheln, alle Wege und Mittel der Natur der contagiösen Krankheiten zu kennen? Gilt es denn für nichts, die Vaccine unversehrt zu erhalten, für nichts, die Vaccine zu rehabilitiren und rein zu bewahren?

Er erschrecke bei jedem Schlage, den man gegen sie führe und alle Vorsichtsmaßregeln der Angreifer beruhigen nur unvollständig. Als einzige Garantie gegen syphilitische Ansteckung werde animale Vaccination angegeben. Allein spreche man nicht von diesem Fremdling aus der Kindheit der Impfung. — In diese entfernten Zeiten will man uns zurückversetzen unter dem doppelten Vorwand, der ge=

schwächten Vaccine die natürliche Kraft zu geben und eine vielleicht eher imaginäre als reale Gefahr zu verhüten.

Nie hatte sich die Vaccine gegen eine schwerere Anklage zu vertheidigen, um so schwerer, als sie von einem mit Recht hochgeachteten Mann in amtlicher Stellung erhoben wird.

Sitzung vom 7. März 1865: Gibert stellt sich in kurzer Rede auf die Seite von Ricord und Bousquet. Er vertheidigt die Angaben Briquet's und greift besonders Bouvier und Depaul an.

Depaul. Sitzung vom 14. März 1865. Depaul: Er habe nicht mehr sprechen wollen, allein nach reifer Ueberlegung wolle er seine Sache bis zu Ende vertheidigen, weil er sie mehr als je für die der Wahrheit halte. Er müsse einige befremdende Behauptungen widerlegen. Er fasse sich so kurz als möglich. — Seinen gelehrten Kollegen Devergie und Bouvier habe er nichts zu sagen, beide kämen ihm zu Hülfe, beide sehen wie er, wie Trousseau, die Vaccinal=Syphilis mehr als bewiesen an. Einer derselben machte darauf aufmerksam, daß diese Hauptsache, die im Anfange der Debatten so viele Ungläubige gefunden, heute fast allgemein anerkannt sei. Nicht bloß im Schooße der Akademie habe solche Aenderung sich bewerkstelligt, sondern die Meinung der Aerzte im Allgemeinen habe sich geändert. Dieses Resultat habe seine Hoffnungen übertroffen, da er sich alle die vielen zu überwindenden Hindernisse wohl vorgestellt hätte. Man vernichtet nicht leicht Ueberzeugungen, welche man auf mehr als 60jähriger Erfahrung gegründet glaubt. — Was Ricord betreffe, so kenne man auch heute seine Ansicht noch nicht besser; er scheine sich in dichtes Gewölk zu hüllen, um sich undurchdringlich zu machen.

Begnügen wir uns mit seiner Erklärung von der Möglichkeit der Vaccinal=Syphilis. Ricord's schwere Vorwürfe, daß Depaul, wenn schon lange überzeugt, doch nicht früher gesprochen habe, seien ungerecht. Ricord muß wissen, daß er (Depaul) seit mehreren Jahren mit dieser wichtigen Frage sich beschäftigte, aber erst seine Stimme erheben konnte, als er mit der nöthigen Autorität bekleidet war. Erst seit sechs Monaten sei er Bousquet's Nachfolger und in seinem ersten Bericht habe er davon gesprochen. —

Ricord widerspreche sich sonderbar. Einerseits habe Depaul gefehlt, nicht früher die Akademie in Kenntniß gesetzt zu haben, andererseits als Depaul sich dazu entschlossen, habe er schwer gefehlt, die Vaccine zu kompromittiren und auf die Praktiker schwere Verantwortlichkeit zu legen. Ricord wollte mit der Dauer der Incubation Bresche schießen in die immer zahlreicheren Beobachtungen. Bald fand er sie zu kurz, bald zu lang, im Widerspruch mit gewissen von ihm selbst formulirten Gesetzen. Einer seiner ausgezeichnetsten Zöglinge, Dr. Fournier weist die entgegengesetzte Lehre nach in einer bemerkenswerthen Arbeit. (Recherches sur l'incubation de la Syphilis. Paris, 1865.)*)

1) Die Incubation der Syphilis überschreitet oft die Grenzen, in welche man sie gewöhnlich einschränkt;
2) gewöhnlich verlängert sie sich über drei Wochen;
3) nicht selten dauert sie vier bis fünf Wochen;
4) hie und da sechs Wochen;
5) selbst länger, und in einem Falle über zwei Monate.

Fournier gibt eine sehr gute Erklärung: Der Schanker sogleich nach der Impfung ist der einfache Schanker. Von diesem, obwohl lange mit ihm verwechselt, ist sehr verschieden der syphilitische Schanker, welcher auf das inficirte Individuum nicht weiter zu impfen ist, wohl aber auf gesunde Individuen mit einer wirklichen und oft sehr langen Incubation. —

Jedermann ist der Ansicht Briquet's, die Frage der Vaccinal-Syphilis sei eine der schwierigsten, mit denen man sich befassen kann, und gerade deßhalb muß man in deren Studium mehr Ernst bringen, als Briquet that, da er die Tribüne bestieg. Den Beobachtungen von Prof. Cerioli, denen in Rivalta und im Hotel Dieu**) jeden Werth abzusprechen, das sei eine ganz persönliche Meinung, wofür der betreffende Autor allein verantwortlich. Die Beobachtungen in Italien sollten kein Vertrauen verdienen, weil dort das Klima ebenso gut

---

*) Diese Arbeit ist kurz und gut besprochen in Schmidt's Jahrb. Band CXXXII. Jahrg. 1866. Nro. 12. Nro. 66. S. 342.

**) Das öfters genannte Hotel Dieu ist das größte Pariser Hospital mit 828 Betten. Es ist Europa's ältestes Krankenhaus. Die Lage ist sehr ungesund, zwischen zwei Armen der Seine, neben der Kathedrale Notre-Dame. Ganz in der Nähe des alten jetzt zum Abbruche bestimmten Hotel Dieu wird das neue Hotel Dieu errichtet, eines der großartigsten Spitäler der Neuzeit.

auf die Einbildung des Volkes als auf die der Gelehrten wirke. Diese spaßhafte Art von Prof. Cerioli zu sprechen war keine glückliche Inspiration. Wahrscheinlich glaubte Briquet, Cerioli sei schon lange todt, allein dieser ehrwürdige Kollege befindet sich vortrefflich und nimmt eifrigen Antheil an Allem, was die Frage der Vaccinal=Syphilis berührt. Man mag hier seine Person und seine Beobachtungen mit wenig akademischer „Sans-façon" behandeln, allein Jeder, der seine Schrift aufmerksam liest, findet darin die wünschenswerthen Garantien und wird überzeugt.

Was soll man von einer solchen improvisirten Statistik halten, nach welcher ein Fall syphilitischer Inoculation auf 5 Millionen Vaccinationen gezählt wird? Man kennt gar nicht alle Fälle von Vaccinalsyphilis. — Man hat Beweise, daß mehrere Krankheiten mit dem Blut übertragbar sind, besonders Syphilis. — Briquet erklärt einfach, er glaube nicht daran. Gibert gehört zur gleichen Schule Briquet's. Ohne die Frage gründlich studirt zu haben, verachtet man die Beobachtungen, und diejenigen, welche sie zu sammeln sich bemühen. Statt zu diskutiren, gebe man Ansichten in einigen bestimmten Phrasen, besonders in Aphorismen. Er (Depaul) habe festgestellt und Jedermann mit ihm wiederholt, selbst Ricord, die Vaccinal=Syphilis sei Corollarium der Inoculation der sekundären Syphilis und des syphilitischen Blutes, oder besser, es sei ein und dasselbe. — Nach seiner Privatautorität erklärt Gibert das für einen Hauptfehler. — Fraget ihn nicht, warum? wenn er (Gibert) gesprochen hat, so läßt er sich zu keinen Details herab. — Jetzt sei nur noch übrig, Bousquet zu antworten. Bousquet hat, wie bekannt, ein Vaterherz für die Vaccine, er will sie keusch und rein, er duldet keinerlei Makel an ihrem Rufe, und seine Hingebung ging oft bis zur vollständigen Verblendung. Nach der Erfahrung bezüglich seiner wissenschaftlichen Gewohnheiten war nicht zu hoffen, daß er sich die Mühe nehme, die erhobene Frage zu diskutiren, und man wußte wohl, seine Rede sei eine neue Auflage aller derjenigen, welche er aus Veranlassung der Vaccine gehalten hat. — Früher habe er Bousquet vorgeworfen, nicht aus der gleichen Schule zu sein und die Beobachtungen nicht zu lieben. Bousquet schien sich zu ärgern und verlangte Beweise. Heute erklärt Bousquet selbst formell: er liebe nicht die Thatsachen; Erfahrung d. h. Beobachtung der Natur trügt! Nach ihm gibt es nichts Geschmeidigeres als Thatsachen, sie sagen alles, was man will; sie richten die Wissenschaft zu Grunde. Und weil Thatsachen falsch interpretirt werden, so zieht er denselben vorgefaßte Ideen weit vor. Er rühmt sich in diesen Prinzipien erzogen zu sein, welche nicht die der gegenwärtigen Generation sind.

Warum sich wundern, daß Aerzte in kleiner Praxis sehen, was Aerzte bei großer Praxis nicht sehen? Auch liegt am Geburtsort und Geburtstag der Vaccinal-Syphilis sehr wenig. Leider ist deren Realität nicht zu bezweifeln. — Die Beobachtung Trousseau's ist tadellos und nur ein Myope könnte einfache Granulationen des Uterushalses mit syphilitischer Ulceration verwechseln!

Man hat gut ein unterrichteter Mann sein, wenn man nie Praktiker war. Man muß sich erinnern, daß es Dinge gibt, welche man nur am Krankenbette lernt. Dieß ist freilich mühsamer als Theorien in seinem Kabinete zu machen, aber es führt sicherer auf den Weg der Wahrheit, welcher allein der Wissenschaft nützt.

Warum erscheint Bousquet die Vaccinalsyphilis als unerhört und monstruos? In was choquirt es den „bon sens?" und die elementaren Kenntnisse der Pathologie? warum soll der Geist läugnen, was die Sinne bestätigen? Und warum soll der Geist nothwendig Recht haben? Bousquet ließ sich vom geheimen Vergnügen fortreißen, in einer ihm eigenthümlichen Weise Worte und Phrasen zu gruppiren, welche Effekt machen, aber im Grunde keinerlei ernsten Beweis liefern. Man hört mit Vergnügen zu; er hat das Talent, sein Auditorium zu unterhalten, allein diese Art ist mit dem Ausspruche zu charakterisiren, er (Bousquet) besitze die Kunst, gut zu sprechen, um wenig zu sagen. Was Bousquet als unabänderliche Grundsätze hinstellte, sind gefährliche Irrthümer! Statt wehe zu rufen über Thatsachen, welche die Theorien verdammen, ist wehe über die Theorien zu rufen, welche die Thatsachen vernichten.

Mit weniger Verachtung für die Beobachtungen und weniger Verblendung für die Vaccine wäre Bousquet einer der ersten gewesen, um den Irrthum zu kennen. Aber es ist so bequem die großen Prinzipe anzurufen und so süß zu glauben, man habe die Wissenschaft zu ihren letzten Grenzen gebracht. Man empfängt die Männer schlecht, welche aus der süßen Ruhe aufschrecken, so ist es mit Vaccine für Bousquet, mit Syphilis für Ricord. Doch müssen beide Kollegen einen Entschluß fassen. Es ist Zeit aufzuwachen. Keiner ist stark genug den Fortschritt der Wissenschaft aufzuhalten. —

Die Thier-Vaccination anlangend so sei diese ein Fremdling, von welchem Bousquet nicht sprechen wolle, aber mit Unrecht. Als von der Möglichkeit der Revaccination die Rede war, zeigte sich als deren eingefleischtester Gegner derselbe Kollege, der die Beobachtungen auch damals verwarf als nicht in Harmonie mit einem Prinzip. Wie heute, war es geschehen um die Entdeckung Jenner's, wenn man zugestand, daß die Präservation der Vaccine nur von temporärer Dauer sei. Durch diese düstern Weissagungen erschreckt, ließ sich die Akademie fortreißen und machte lange Zeit unnützen Widerstand, den sie jetzt bitter bedauern muß. Die Nothwendigkeit der Revaccination ist nicht mehr bestritten und Bousquet, der entschiedenste Gegner, ist heute einer der wärmsten Anhänger. Gleiche Verhältnisse liegen jetzt vor.

Die Akademie könne ihren Entschluß fassen nach Belieben. — Die Debatte hier habe eine Frage zur Kenntniß gebracht, welche einige in Schatten halten wollten. Von sieben Kollegen, welche sprachen, haben vier dafür gesprochen: Blot, Trousseau, Devergie und Bouvier. Nur Gibert und Briquet haben sich gegen die Realität der Vaccinal-Syphilis eingeschrieben. Ricord kann wegen Unentschiedenheit nicht klassifizirt werden. Er (Depaul) als Direktor der Vaccine habe das gute Gewissen, seine Pflicht erfüllt zu haben. Er wollte nicht, daß die Akademie in einer so ernsten Frage überflügelt werde. Indem die Aufmerksamkeit geweckt ist, darf man hoffen, daß neues Unglück verhütet werde.

Beschluß der Akademie: die Arbeit Depaul's der Vaccine-Kommission zu überweisen unter einstimmigem Danke für seine nützlichen und wichtigen Untersuchungen.

Dritter Theil.

Schutzmaßregeln gegen die Uebertragung der Syphilis durch die Schutzpockenimpfung. — Animale Vaccination, Impfung direkt von der Kuh weg.

Schon in den beiden vorhergehenden Theilen war an verschiedenen Orten der Präventivmaßregeln Erwähnung geschehen, die besonders auch in den akademischen Verhandlungen erörtert wurden.

Um sichere Garantieen gegen die nunmehr erkannte Gefahr zu haben, sollte man freilich zuerst auf die Frage, durch welches Agens das syphilitische Virus in der Vaccination übertragen werde, genaue Antwort wissen, was leider nicht der Fall ist.

Viennois in Lyon (Archives générales, Juin. Juill. Sept. 1860. Bull. de l'Acad. Paris. t. XXX. p. 20. 1864—65), der sich, wie gesagt, unstreitig um die Entscheidung der Frage der Vaccinalsyphilis sehr große Verdienste erworben hat, glaubt jetzt schon genügend festgestellt zu haben, daß das Blut allein der Träger des syphilitischen Virus sei, daher in der Vermeidung jeglicher Blutung Garantie gegen diese Gefahr gefunden werde! Er hält seine Ansicht vom theoretischen und praktischen Standpunkte aus, seinen Gegnern gegenüber, aufrecht. Viennois unterscheidet im Syphilitischen die physiologischen Produkte von den krankhaften der Diathese. Die ersteren, wie Milch, Speichel, Thränen, sind ohne Resultat eingeimpft worden und sind nicht ansteckend. Die anderen, wie die Sekretionen der plaques muqueuses ꝛc. sind ansteckend. Das Virus ist besonders an gewissen Stellen, wo sich die Krankheit äußerlich zeigt, „elaborirt." Die Vaccinal-Lymphe vom Syphilitischen kann zum physiologischen Produkt gerechnet werden. Die Elemente kommen wohl vom Blute, aber von einem Blute, „elaborirt bei seiner Passage durch die Capillarwände." Diese können die Eigenschaften der passirenden Flüssigkeiten auf sogenannte catalytische Weise modificiren. So sind die „Peptone oder die verdauten Albuminoidprincipe vor ihrer Absorption incoagulabel und werden nach Absorption im Kreislaufe coagulabel." Wir sehen also ihre Eigenschaften durch die Passage von osmotischen Membranen total geändert. Ganz in analoger Weise läßt sich annehmen, daß die Vaccinallymphe eines Syphilitischen die ansteckenden Eigenschaften des Blutes, obwohl dessen Produkt, nicht theilt, in Folge der „catalytischen Action", welche die Capillarwände auf das Blutplasma im Momente seiner Transsudation ausübten. — Wäre die Vaccinallymphe eines Syphilitischen ansteckend, müßten alle davon Geimpften Schanker am Arm bekommen, allein reine Vaccinallymphe, welcher kein Blut beigemischt ist, steckt nicht an. So lauten die Ansichten von Viennois über diese schwierige Frage. Diese Theorie ist sehr bestechend und wurde von vielen adoptirt, so von Pacchiotti, Lee, Bohn u. a. —

Die Frage der Vaccinal=Syphilis hatte durch diese sinnreiche Hypothese ganz neuen Standpunkt seit dem Jahre 1860 eingenommen. Das ansteckende Gift wurde jetzt außerhalb der Vaccinalpustel im Blute gesucht und nicht mehr innerhalb der Vaccinalpustel zwei miteinander gemischte Gifte, das syphilitische Virus und die Vaccinallymphe, angenommen. Mit seiner Theorie glaubte Viennois auch die vielen Unklarheiten und Widersprüche der bisherigen Beobachtungen über diese Streitfrage, wodurch deren Entscheidung so erschwert worden war, in genügender Weise erklären zu können, je nachdem reine, klare oder mit Blut gemischte Vaccinallymphe der Beobachtung zu Grunde lag.

Allein so verführerisch diese einfache und natürlich scheinende Erklärung für sich einnimmt, so ist die Sache keineswegs damit bereinigt. Von verschiedenen Seiten wurden erhebliche Einwürfe dagegen gemacht. In vielen Fällen wurde, wie constatirt ist, (Schreier) mit reiner klarer Vaccinallymphe, welcher auch als Derivat des inficirten Blutes a priori Ansteckungsfähigkeit zugeschrieben wird, die Syphilis auf vorher gesunde Individuen übertragen. Melchior Robert (L'Union 47 et 71. 1862.) fand auf Grund genauer Berechnungen, daß bei den direkten syphilitischen Inoculationen, in welchen syphilitisches Blut in größerer Menge unter Cautelen eingeimpft wurde, dieselben nur 26mal unter 100 Fällen Erfolg hatten, während in jenen Fällen, in welchen Vaccinallymphe, von Syphilitischen aus, Gesunden eingeimpft wurde, mit Minimum von Blut gemengt, unter 100 Fällen 66mal Syphilis übertragen wurde. Diese Zahlen sprechen auch gegen die Ansicht von Viennois.

Die Frage, ob außer Syphilis auch noch andere Krankheiten, Skrophulose, Arthritis ꝛc. durch die Vaccination übertragen werden können, ist bei dem weniger deutlich ausgesprochenen Symptomencomplex derselben im Vergleiche zur Syphilis noch viel schwieriger zu beantworten, scheint aber gleichfalls bejaht werden zu müssen, schon der Analogie halber. — Welches der Träger des syphilitischen Virus ist, ob das Blut? ob die Vaccinallymphe? oder Beides? Dieß ist zur Zeit noch gar nicht sicher zu entscheiden, indem noch nicht genug Beobachtungsmaterial vorliegt. Was aber jetzt schon mit ziemlicher Wahrscheinlichkeit behauptet werden kann, ist, daß sowohl das Blut, als die Vaccinallymphe Träger des syphilitischen Virus sind, und nicht einseitig das eine oder das andere allein.

Jedenfalls muß man in der Praxis Notiz davon nehmen und bei der Impfung stets jegliche Blutung sorgfältig vermeiden, ohne aber damit auf eine sichere Garantie zu hoffen.

Außerdem hat man noch verschiedene Schutzmaßregeln vorgeschlagen, welche aber alle die Gefahr der Vaccinal=Syphilis nur vermindern, nicht beseitigen. Der derzeitige Pariser Impfdirektor Depaul empfiehlt folgende bereits erwähnte prophylactische Regeln bei der Vaccination strenge zu befolgen, die wegen ihrer Wichtigkeit zum Schlusse hier noch einmal zusammengestellt werden:

1) **Pusteln nicht bluten zu machen**; Blutung leichter mit der Impfnadel zu vermeiden, daher diese der Lancette vorzuziehen. (Die Impfnadel wurde deßhalb auch in der Akademie eingeführt.)

2) Die Kinder sehr sorgfältig zu untersuchen und soweit möglich sich zu versichern, ob die Eltern gesund sind. **Es sind nur ganz gesunde kräftige Kinder zu wählen, die von gesunden Eltern stammen.**

3) **Es ist womöglich nur von zwei= bis dreimonatlichen Kindern Impfstoff zu nehmen**, weil hereditäre Syphilis sich vor dieser Zeit manifestirt.

4) **Es sind Versuche mit der direkten Impfung von der Kuh zu machen**, indem diese Methode allein sichere Garantie biete.

Der Gedanke, daß man bei der Vaccination von Arm zu Arm (Vaccination humaine) weder in der sorgfältigsten Untersuchung, noch im Alter des Impfträgers, noch in seiner und seiner Eltern Gesundheit, noch in der Vermeidung der geringsten Blutung eine sichere Garantie gegen die Gefahr der Syphilis vaccinata, d. h. der Uebertragung des syphilitischen Virus durch die Schutzpockenimpfung, gefunden hat, — möge auch diese Gefahr im einzelnen Falle relativ sehr gering sein, — gab die Veranlassung, daß jetzt in Paris mit der schon seit Anfang dieses Jahrhunderts in Neapel unter der wohlhabenden Klasse einheimischen Methode, der sog. Vaccination animale, Impfung von der Kuh weg, Versuche angestellt werden, welche bis jetzt ein befriedigendes Resultat gaben. — Eine der ältesten und interessantesten Schriften hierüber ist die leider sehr seltene „Memoria sulla inoculazione vaccina coll' umore ricavata immediatemente della vacca precedentemente inoculata, di Gennaro Galbiati, chirurgico del Ospedale degli Incurabili. Napoli. 1810."

Dr. Lanoix brachte eine junge Kuh mit genuiner natürlicher „cowpox" aus Neapel mit, von welcher aus nun zahlreiche Vaccinationen mit Erfolg vorgenommen werden, auch in der Akademie. —

Die Frage der animalen Vaccination ist gegenwärtig in der Akademie eine brennende. Vertheidigung und Angriff wird beiderseits hitzig geführt. Depaul ist warmer Fürsprecher dieser Methode und wußte bis jetzt alle dagegen gemachten Einwände zu widerlegen. Die Akademie empfiehlt zunächst, viele Versuche mit der Vaccination von der Kuh zu machen. Bezüglich der Vaccination animale siehe Dr. Palesciano de Naples. Gaz. médicale de Lyon. 13. Dec. 1864.

In Neapel war im Anfange dieses Jahrhunderts das System der direkten Kuhpockenvaccination mit Erfolg von Troja und Galbiati eingeführt worden und wird von deren Schüler, Negri, heute noch mit gleichem Erfolg fortgeführt. Dieser hat stets eine geimpfte junge Kuh zur Disposition, welche an bestimmten Tagen in die betreffenden Wohnungen geführt zu werden pflegt, wo dann eine Pustel abgeschnitten und zur Impfung benützt wird. Hiefür werden 5 Franken berechnet. —

Schon 1800 hatte in Frankreich Duquenelle in Reims, Valentin in Nancy, Husson in Paris, die Vaccine des Menschen erfolgreich verschiedenen Thieren eingeimpft, Kühen, Ziegen, Schafen. Husson hatte namentlich die leichtere Vermehrung und Verbreitung des Impfstoffes durch solche Methode sehr gelobt. — Troja war in Neapel der erste, welcher vom Menschen Vaccine auf die Kuh überimpfte, um die Aktivität des Impfstoffes zu erhöhen, von der Ansicht ausgehend, daß die Vaccine, auf Menschen übertragen, sich abschwäche und durch successive Propagation degenerire, da ja die Vaccine keine Krankheit des Menschen sei. Der Nachfolger dieses denkenden Arztes war jener oben erwähnte Galbiati, der 1810 in Neapel, wie schon bemerkt ist, ein selbst in unsern Tagen noch sehr beachtungswerthes Werk über animale Vaccination schrieb. Obwohl die hervorragendsten Aerzte Neapels die neue Methode nicht mißbilligten, so wurde sie doch von der Schulmedicin geradezu verworfen. Galbiati hatte nachgewiesen, daß die Kinder durch die Vaccination von Arm zu Arm neue Krankheiten, und zwar gerade die übertragbaren, bekämen. Um solche traurige Möglichkeiten zu verhüten, müsse man den Menschen von der Kuh aus vacciniren. Diese animale Vaccination sei activer, als die menschliche Vaccination, und ungefährlich und ebenso prophylactisch gegen Variola. —

Durch zahlreiche Analysen der Vaccination von Mensch zu Mensch während zehn Jahren zeigte Galbiati, daß Vaccine, auf Menschen genommen, eine Verminderung der Aktivität erleide:

1) durch die individuellen Eigenschaften des Vaccine liefernden Individuums,
2) durch den Einfluß einer zu hohen Temperatur,
3) durch zu lange Aussetzung an der Luft,
4) durch die Zeit, welche seit dem Erscheinen der Pustel verstreicht.

Die Vaccine, von der Kuh genommen, schwäche sich dagegen nicht ab, weil die Vaccinationen selbst in heißester Zeit gelangen und vielfach bei Kindern, nachdem die „menschliche" Vaccination fehlgeschlagen. Der Kuhpockenimpfstoff blieb bis zu drei Wochen wirksam und damit geimpfte Kinder gaben den wirksamsten Stoff zur Weiterimpfung. Die Schulmedicin trat diesen Lehren entgegen und erklärte, es werden keinerlei Krankheiten durch die gewöhnliche Vaccination von Arm zu Arm übertragen. Zu dieser Erklärung bemerkte Cotugno lakonisch: „chi innesta, innesta tutto", d. h. wenn man impft, so impft man alles ein. Galbiati hatte in seinem Werke vier Fälle veröffentlicht, in welchen die Syphilis durch die Vaccination vorher Gesunden eingeimpft wurde. Die von Galbiati vor 60 Jahren ausgesprochenen Ansichten verdienen heute noch unsere Anerkennung. — Als charakteristisches Kuriosum sei erwähnt, daß König Ferdinand II. seine

Kinder von Galbiati direkt von der Kuh weg vacciniren ließ, während seine Regierung seine Unterthanen durch Gesetze zwang, von Arm zu Arm sich impfen zu lassen. Noch auffallender ist, daß die oberste Medicinalbehörde 1810 durch besonderes Gesetz die animale Vaccination proscribirte, während die hervorragendsten Räthe dieses Collegiums, Cotugno, Villari, Sementini, ihre eigenen Kinder, sowie die ihrer Verwandten und Freunde von der Kuh weg vaccinirten. — Die Behauptung Galbiati's, die animale Vaccination sei activer, wurde von Husson und Palasciano bestritten. Palasciano schlug am 17. August 1862 in der Akademie von Neapel vor, nachdem der derzeitige Impfdirektor Minervini die Statistik der Vaccine vorgetragen hatte, man solle die „menschliche" Vaccination ganz abschaffen und durch die Thiervaccination ersetzen. Rendiconto delle tornate dell' academia pontaniana 1862. p. 159. Es wurden hierauf gegen diesen Vorschlag mancherlei Einwendungen gemacht, besonders Uebertragung gewisser Thierkrankheiten auf den Menschen, hauptsächlich der Tuberculose. Palasciano erwiderte, daß die Tuberculose sich bei den Kühen erst im späteren Alter, und hier nicht so häufig, als beim Menschen, zeigte, überdieß dann immer noch die Gefahren größer wären, in der Vaccine vom Menschen, als von der Kuh. Auch der Einwurf, es sei schwierig, stets die genügende Anzahl von Thieren zu haben, ist nicht stichhaltig. Allgemein glaubt man, es sei nicht leicht, eine Kuh zu vacciniren, und noch weniger leicht, von der Kuh aus den Menschen. Troja reussirte nicht leicht, und auch sein Schüler Galbiati fand zuerst Schwierigkeiten, welche er allmählig überwinden mußte. Er erhielt den Vaccinaleiter einige Zeit auf Skarifikationen dadurch im flüssigen Zustand, daß er den Contact mit der Atmosphäre durch einen Ueberzug von impermeablem Stoff verhinderte.

Husson empfahl: Eine weniger Milch gebende Kuh auszuwählen, das Euter recht zu waschen und zu trocknen, nur auf zwei Zitzen zu impfen, damit die zwei anderen gemolken werden können; die Lancette sei ziemlich tief einzustechen, keinerlei Druck auf die vaccinirten Zitzen zu üben und erst am Ende des dritten Tages die Flüssigkeit zu benützen. —

Negri's Verfahren, das gegenwärtig in Neapel befolgt wird, ist folgendes: Nachdem die Haare an den Zitzen abrasirt sind, werden 8—10 Millimeter lange Scarifikationen in der Zahl von 100 gemacht, in Distanzen von 10—15 Millimetern, hierauf wird die Vaccine applicirt und mit Goldschlägerhaut bedeckt. Um sich der Pustel zu bedienen, wird sie mit der Lancette sehr sorgfältig herausgelöst und zwischen den Fingern gehalten, abgeschabt. Nun wird die Vaccine ausgedrückt und entweder zur Impfung gleich benützt oder in Glasröhrchen conservirt. Das Thier wird während einer Woche überall in Neapel herumgeführt, wo man es braucht. — Dr. Bima, Chefarzt des sechsten militärischen Departement der italienischen Armee, vaccinirt seit zwei Jahren in den Regimentern und in den militärischen Schulen mit Vaccine direkt von der Kuh weg. — In Lyon führte Dr. Philipeaux diese Thiervaccination ein. (Inoculations du vaccin animal à Lyon par M. le docteur Philipeaux.)

Dr. Lanoix aus Paris war speciell zum Studium der Thiervaccination nach Neapel gereist und hatte von dort, wie erwähnt, eine junge Kuh mitgenommen, die mit ächter Thiervaccine geimpft war. Auf der Durchreise nach Paris wurde auf dem Bahnhof in Lyon von jener jungen Kuh weg eine andere, welche Philipeaux und Chauveau gekauft und auf die Station gebracht hatten, von Lanoix nach Negri's Verfahren vaccinirt. Das Thier lag fest geknebelt auf der linken Seite, von Gehülfen ruhig gehalten. Es hatte sehr viele Pusteln auf der Haut der rechten Regio iliaca, unmittelbar neben den Zitzen. Die Pusteln schienen wenig ausgebildet, kaum sichtbar. Man konnte glauben, sie seien nicht gehörig entwickelt. Bei der Berührung indessen zeigten sie sich hinlänglich vorgeschritten. Lanoix sagte, Negri benütze oft noch kleinere Pusteln, die nur seit 72 Stunden sich gebildet hätten. Um die Pusteln zu entfernen, bedient sich Negri einer starken Lancette, die am Ende rund ist, und zu beiden Seiten sehr scharf. Lanoix nahm in Ermangelung dieser Negri'schen Lancette ein Bistouri. Mit der linken Hand erhob er die mit Pusteln bedeckte Haut, unter leichtem Zug, damit die Pusteln recht hervortreten. Mit der rechten Hand wird nun mittelst des Bistouris die Pustel losgelöst und abgeschnitten, so daß sie ganz in dem entfernten Hautstück eingeschlossen bleibt. In dieser Weise wurden fünf Pusteln abgeschnitten. Negri empfiehlt ausdrücklich, um gute Vaccine zu haben, die Pustel nicht auf der Außenseite durch Einsenkung der Lancette zu öffnen nach gewöhnlicher Impfpraxis, sondern die Pustel in Toto zu entfernen und selbst mit dem betreffenden Hautstück.

Die junge Kuh, die von Chauveau auf die Station geschafft war, lag auf der rechten Seite, sicher festgehalten, die linke Inguinalgegend rasirt. Es wurden nun vertikale Incisionen gemacht, wie beim Schröpfen. Lanoix nahm nun eine abgeschnittene Pustel, legte deren Außenseite auf die Innenseite seines linken Zeigefingers, mit dem Daumen fixirend, so daß er, indem er die an der hinteren Seite der Pustel hängende Haut mit einer starken Lancette abschabte, den Ausfluß der Vaccine bewerkstelligte, eine sehr wichtige und schwierige Sache (Philipeaux).

Die Vaccine wurde dann mit der Lancette in jene Scarificationen gebracht. — Diese ganze Praxis erfordert viel Uebung und Geschicklichkeit. — Nach beendigter Operation wurden drei Kinder von sieben, acht und zwölf Monaten vaccinirt. Lanoix machte mit der Lancette unter Schaben an der Außenseite des Oberarms sehr kleine Haut-Scarificationen, mit Vermeidung der geringsten Blutung. Nun wurde von einer der abgeschnittenen und geschabenen Pusteln die Vaccine auf die Scarifikationen mit der Lancette gebracht. Ein kleines Viereck von Goldschlägerhäutchen wurde auf jede Impfstelle gelegt und drei bis vier Stunden lang liegen gelassen. Jedem Kinde waren zwei Inoculationen (auf der oberen äußeren Seite des Armes) gemacht. Ein Student und ein Doktor der Medizin ließen sich auf die gleiche Weise impfen. — Alle diese Impfungen hatten vollen Erfolg. — Da diese Methode gegenwärtig sehr viel von sich zu sprechen macht, besonders in der Akademie in Paris Gegenstand wiederholter Debatten ist, welche an Lebhaftigkeit jenen früheren über die Syphilis vaccinata, deren natürliche Fortsetzung sie ja sind, in nichts nachstehen, so dürfte obige detaillirte Beschreibung des neuen Verfahrens, das noch eine größere Zukunft haben mag, als man nach dem gegenwärtigen Stande der Sache bei uns vermuthen sollte, nicht überflüssig gewesen sein. Jedenfalls sind weitere Experimente zu empfehlen, da noch viel zu wenig Versuche angestellt wurden, um über diese Methode jetzt schon ein definitives Urtheil auszusprechen zu können. Da durch die Impfung von Arm zu Arm ansteckende Krankheiten übertragen werden können (was jetzt eine unzweifelhafte Wahrheit geworden ist), da ferner die bis jetzt vorgeschlagenen Schutzmaßregeln diese Gefahr nicht beseitigen, so leuchtet Jedermann die Wichtigkeit der Thier-Vaccination ein, welche uns allein sichere Garantie gegen jene Nachtheile der Impfung von Mensch zu Mensch bietet und doch zugleich gegen die furchtbare Krankheit der Menschenblattern Schutz verschafft. — In Frankreich und Italien wird diesen wichtigen Fragen der öffentlichen Gesundheitspflege viel regeres Interesse zugewendet, als bei uns in Deutschland. Es gibt doch wahrlich, sowohl für den Staat als das Individuum, nicht leicht eine Angelegenheit, welche solche ernste Prüfung erheischt, als vorliegende, bei welcher die Gesundheit des Einzelnen, das Wohl und Wehe ganzer Familien in Frage kommt. — Möge doch auch in unserem Vaterlande diese Frage zur ernsten Würdigung gelangen. — Die Verhandlungen der französischen Akademie hierüber zeigen uns am deutlichsten, wie wichtig und wie ernst dort diese Angelegenheit angesehen wird. — Der Akademie waren in Betreff der animalen Vaccination folgende drei Fragen vorgelegt worden:

1) Schützt die unmittelbar von der Kuh weg vorgenommene Impfung besser vor Gefahr der Uebertragung eines andern Virus als die Impfung von Arm zu Arm?

2) Ist die ersterwähnte Impfmethode energischer in ihrer Wirkung und liefert mehr konstante Resultate, als letztere?

3) Sollten Spezial=Institute zur weiteren Verbreitung der vorgeschlagenen Impfmethode errichtet werden?

Depaul und seine Anhänger bejahten 1) und 3), während bei 2) kein Uebergewicht zu Gunsten der einen oder anderen Methode angegeben werden konnte. — Guerin empfahl Fortsetzung der Versuche im großen Maßstab, warnt aber vor zu früher Beschlußfassung. Die Akademie erklärte, die Frage sei noch nicht reif zur Entscheidung. — Bousquet bekämpft die animale Vaccination heftig. In der Sitzung vom 10. April 1866 erinnert er an seine vor fünfundzwanzig Jahren gemachten Versuche, um „Cowpox" auf jungen Kühen zu regeneriren. — Er habe gefunden, daß die Vaccine nichts gewinne, wenn sie durch junge Kühe gehe. Spontane Cowpox dürfe ja nicht mit artificieller, durch Inoculation erzeugter verwechselt werden. — Vaccine von Kindern wolle man nicht, weil sie „mesalliirt" sei, aber woher erhält denn die junge Kuh ihre Vaccine? Werde sie nicht oft von Kindern aus derselben eingeimpft? Lanoix garantire freilich bei seiner aus Neapel mitgebrachten jungen Kuh für ächte Cowpox! — Die Vaccine werde nicht wegen ihrer größeren Stärke lieber von der Kuh genommen, sondern weil hier keine Gefahr sei, mit Syphilis angesteckt zu werden. Im Prinzipe sei die Vaccinal=Syphilis für ihn (Bousquet) eine Unmög=

lichkeit, in der Thatsache könne man sie zugeben als sehr selten. Ob die animale Vaccination besser als die menschliche, sei eine große Frage. In allen Zeiten haben die Leute die Folgen unreiner schlechter Vaccine gefürchtet. Das seien aber unbegründete Vorurtheile, die er bekämpfe, während Depaul und seine Freunde denselben die Stütze des Talentes und einer falschen Wissenschaft verleihen, das Nebelhafte dieser Anklagen zerstreuen, denselben einen Körper geben und die Syphilis, — das Schlimmste, was im Ohre einer Mutter klingen kann — immer im Munde führen. — Daß die Vaccine von der Kuh auf den Menschen zu übertragen ist, habe er vor 25 Jahren bewiesen. Zu versuchen wäre jetzt noch die syphilitische Inoculation auf der Kuh. Wenn nach der Aussage von Auzias-Turenne die Syphilis auf Affen und Katzen zu übertragen ist, warum nicht auch auf die Kuh? — Sehr nachtheilig wäre, die Bevölkerung von der Vaccination von Arm zu Arm abzugewöhnen und die Vaccination in wenigen Händen mittelst Central-Depots zu vereinigen. Es sei schwierig so viele Kühe zu haben und selbst wenn große Vaccinations-Centra geschaffen würden, sei es mühsam zu denselben zu reisen und noch mühsamer die Kühe herumzuführen. Man wolle mit Glasröhrchen nachhelfen, allein es sei nicht so gut und auch schwierig 2c. 2c. — Wir genießen die Wohlthaten der Vaccination von Arm zu Arm seit 60 Jahren, sie aufzugeben sei Narrheit. Arbeite man an der Vervollkommnung, aber lasse man um Gottes Willen die Vaccination von Arm zu Arm bestehen. Er fürchte nichts, denn die Thiervaccination habe keine Zukunft, freilich aber das seltene Doppelglück gefunden: von weiter Ferne zu kommen und in Depaul einen ausgezeichneten Fürsprecher zu gewinnen. —

Der Sekretär der Akademie hält die ganze Diskussion über animale Vaccination für verfrüht, weil vorher vergleichende Versuche anzustellen sind.

In der Sitzung des 17. April 1866 entgegnet Depaul: Nach Bousquet sei er ein gottloser unnatürlicher Vater, der sein Kind, die Vaccine, verlängne, sie an Händen und Füßen gefesselt, unerbittlichen Feinden preisgegeben und in größten Mißkredit gebracht habe. — Depaul weist diese Vorwürfe, sowie auch sämmtliche Einwände Bousquet's zurück, derselbe habe viel zu viel Theorie und Spekulation, und trage den Thatsachen keine Rechnung. Bousquet glaube, für ihn sei nichts mehr zu lernen; es sei sehr zu bedauern, daß er so unzu=

gänglich sei. — Die junge Kuh, welche Lanoix aus Neapel mitgebracht, habe ächte Cowpox. — Ricord protestirt gegen die Ansicht Bousquet's von der Transmission der menschlichen Syphilis auf die Thiere. Es gäbe wohl „quelque singerie de syphilis chez les singes", allein nichts sei bewiesen.

Von Auzias-Turenne wird in der gleichen Sitzung ein Brief vorgelesen, worin die Ansicht vertreten ist, die Vaccine durch Einimpfung auf's Pferd zu verstärken. Das Pferd sei edler und kräftiger als die Kuh. Die Vaccine könnte durch die Kuh nicht regenerirt werden, im Gegentheil, man müsse sich glücklich schätzen die Vaccine in gleicher Stärke zurück zu erhalten. Das Pferd sei die natürlichste Quelle der Vaccine im „grease pustuleux." „Horsepox" (Pferdepocke) sei das beste „Cowpox" (Kuhpocke). Wenn die Inoculationen mit Horsepox vielfach mißlungen seien, so habe man eben zu alte Thiere benützt. Er selber habe in Gemeinschaft mit Mathieu sehr schöne Resultate gehabt und bitte die Akademie, Weiteres hierin zu thun.

In der Sitzung vom 24. April 1866 liest Bouley, der erst von Lyon zurückgekommen war, im Namen des Professors Chauveau eine interessante Note vor: Production expérimentale de la vaccine naturelle, improprement dite vaccine spontanée. Die wahre natürliche Vaccine, sog. spontane, wird sehr selten bei Pferden, bei Kühen beobachtet, mit spezifischem Charakter, welcher bis jetzt nie in der durch Uebertragung erzeugten Vaccine künstlich produzirt werden konnte. Diese spontane Vaccine, ächte Cowpox, natürliche Horsepox ist ein allgemeines pustulöses Exanthem, das besonders an gewissen Orten mit spezifischem Charakter sich zeigt; so in der Gegend des Euters bei der Kuh, in der naso-labial Gegend und in der Umgebung des Ohres beim Pferde. Manchmal zeigt es sich ausschließlich in diesen Gegenden. Einem andern Thiere eingeimpft, bildet sich nur ein lokales Exanthem an der Impfstelle und nie bildet sich an jenen oben genannten Lieblingsgegenden der spontanen Eruption das charakteristische spezifische Exanthem. Von solchen Differenzen betroffen, versuchte Cheauvau (Professor in Lyon) experimentell diese spontane Vaccine zu erzeugen, indem er davon ausging, daß besagte Verschiedenheiten der spontanen und der artificiellen vaccinalen Eruption in der Verschiedenheit begründet liege, mit welcher der Keim in das Innere des Thierorganismus gelange. — Im Gedanken, die Aufnahme geschehe durch die Lungen, in solider Form von Staub, welcher von der Vaccinalkruste herrühre, und weil die Lungen in unmittelbarster Verbindung mit dem Gefäßsystem sind, so injicirte Chauveau deßhalb in die Jugularvene eines Pferdes und eines Maulthieres den Inhalt von drei Röhrchen vortrefflicher Vaccine — nach einem Monat war das Resultat Null. Hierauf vaccinale Injektion in die Carotis eines Pferdes*, ebenfalls mit negativem Resultate. In drei Versuchsserien machte Chauveau nunmehr Injectionen in das lymphatische System, indem er namentlich ein auf seinem Wege von Ganglien unterbrochenes Lymphgefäß aufsuchte. Er machte den 12. März einen Versuch an einem Pferd. Elf Tage später war ein prachtvolles vaccinales Exanthem an der Nase, den Lippen, am 14. Tage in der Falte der Fessel. Mit diesem Exanthem wurden bei vier Kühen Inoculationen gemacht, welche eine schöne vaccinale Eruption bekamen, die lokalisirt blieb. Diese Vaccine wird mit vier Impfstichen einem Kinde inoculirt; es bildet sich nur eine einzige kleine Pustel, von welcher ein zweites Kind geimpft wurde, das an jedem Arm drei Pusteln mit sehr verlangsamter Entwicklung erhielt. — Injection des vom Pferde und dem zweiten Kinde genommenen Impfstoffes in ein Lymphgefäß des Halses von einer alten Stute hatte schönen Erfolg, indem acht Tage später sehr schöner Pustelausschlag nahe der linken Inguinalfalte und später an den Lippen sich bildete. — Die Uebertragung gelang vollständig auf einen Ochsen und ein Kind. —

Diese merkwürdigen Thatsachen würden uns zeigen, daß man nach Belieben jetzt jene seltene spontane Vaccine mit ihrer spezifischen Aktivität künstlich produziren könnte. Die Versuche Chauveau's verdienen daher volle Beachtung, weßhalb sie hier kurz angeführt wurden.

In der Sitzung der Akademie vom 27. April 1866 gibt Bousquet wieder eine geharnischte Antwort, „pour des faits personels" dem „Adoptivvater der animalen Vaccination", Depaul. Er wirft Lanoix vor, zweimal mit gewöhnlicher von Kindern genommener Vaccine bei seiner Kuh nachgeholfen zu haben, um neapolitanische Vaccine herzustellen. — Guerin hatte an den Direktor der Vaccine des Königreiches Italien geschrieben, um sich über die Quelle der Vaccine der von Lanoix mitgebrachten Kuh zu instruiren. Die Antwort lautete für Lanoix ungünstig, es sei keine natürliche Cowpox.

Depaul bemerkt, daß dieser Brief von einem prinzipiellen Gegner komme und daher an sich nichts bedeute und daß er jetzt seinerseits nach Italien schreibe. — Lanoix sei ein ganz ehrenwerther Arzt, doch er (Depaul) sei nicht sein Associé und könne also im Augenblicke nicht weiter sich auslassen, hoffe aber in Bälde alle diese gehässigen Anklagen, die gegen Lanoix geschleudert werden, zu widerlegen. —

Ricord bemerkte hierauf in dieser Sitzung sehr ironisch (was schon früher von Bousquet erwähnt worden ist), daß beim Glauben an die Uebertragung der Syphilis vom Menschen auf die Thiere, die Syphilis auch auf die Kuh übertragbar sei, zumal oft die unterbrochene Kette der animalen Vaccine vom Arm eines Kindes hergestellt werde. Ist dieses Kind nun syphilitisch, so werde die Kuh auch syphilitisch. In was gewähre dann die animale Vaccination mehr Garantie als die von Arm zu Arm! — Doch sei die Uebertragung der Syphilis auf Thiere noch sehr zweifelhaft.

Lanoix trug in der Sitzung vom 15. Mai 1866 eine scharfe Entgegnung auf die vorgebrachten Anschuldigungen vor und weist mit Entrüstung insbesondere die Zweifel an der Aechtheit der Cowpox seiner aus Neapel mitgebrachten Kuh zurück. Siehe La Vaccination animale. Mémoire lu en partie à l'Académie de médecine dans la séance du 15. mai 1866, par Lanoix. In dieser Abhandlung sagt Lanoix, er habe das Verfahren von Negri mittelst der „Ablation" ganz aufgegeben und es mit dem Verfahren „de la pression de la pustule à l'aide d'une pince" erfolgreich ersetzt. Er habe stets reine und transparente Lymphe auf diese Weise erhalten. Er gebrauche nur die Vaccine des vierten, fünften, sechsten Tages und er impfe alle drei Tage eine andere Kuh. — Er habe in drei Monaten Dez. 1865—März 1866 3000 Röhrchen mit Vaccine vertheilt und nicht für 500 Bezahlung erhalten Die Erfolge seien sehr günstig gewesen. Als sichere Wahrheit könne er aufstellen, daß die Vaccinalpusteln durch Vaccination von der Kuh weg unverhältnißmäßig schöner sind als die durch Vaccination von Arm zu Arm. — Die Schwierigkeiten, Kühe zu haben, seien gering, denn in jedem Dorf könne man eine junge Kuh aufstellen und damit während mehrerer Tage inoculiren. — Prouvez moi, ruft Lanoix aus, l'inutilité de ma proposition, l'impossibilité de la réaliser et je serai désarmé. Simon, aidez-moi, je vous en conjure, car cette idée est féconde et les services qu'elle peut rendre à la société sont incalculables. — Ein großer Vortheil dieser Methode ist auch, stets nach Bedarf und Wunsch die Vaccine produziren zu können in reiner kräftiger Form.

Lanoir hatte seine Abhandlung in der Akademie nur zum Theile vorlesen dürfen, weil seine Ausfälle auf Bousquet zu scharf waren, gegen alle Regeln der Akademie, daher er vom Präsidenten, Bou=charbat, von der Rednertribüne herabgerufen wurde.

Wir sehen aus den erwähnten Diskussionen, daß die Frage der animalen Vaccination noch nicht so bald entschieden sein dürfte. — Das bis jetzt darüber Mitgetheilte möge genügen, um das nun für diese Sache angeregte Interesse auch in der Zukunft wach zu erhalten.

Dr. Auzias-Turenne, der schon einigemal genannt wurde, veröffentlichte einen erwähnungswürdigen originellen Artikel in der Gaz. d. hôp. Nr. 22 d. J. — (Auzias-Turenne ist der bekannte Pariser Syphilidolog, welcher die „Civilisation" mit der „Syphili=sation" beschenkte.) Gegenwärtig mache die Vaccine eine Revolution durch, aus welcher sie verbessert hervorgehen müsse. Eine reine und kräftige Vaccine sei das Ideal des Fortschrittes. Die Reinheit der Vaccine müsse durch „garantirte Vaccineträger" erhalten werden. Die Kräftigung geschehe durch Regeneration des geschwächten Impfstoffes (horse-pox). Es sei in letzter Zeit die natürliche Quelle der Vaccine sog. grease pustuleux zuweilen vorgekommen. Man soll sie durch eine künstliche Quelle ersetzen, indem man zum Pferde seine Zuflucht nehme, welches als edleres kräftigeres Thier der Kuh vorzuziehen sei. (Von der Gefahr ansteckender Pferdekrankheiten, besonders vom Rotz, ist nirgends die Rede). In der Praxis soll für alle Fälle die Vacci=nation von Arm zu Arm als Hauptmethode bleiben, diese abzuschaf=fen, sei eine ungerechte Verstümmelung des Jenner'schen Werkes, sei Rückschritt, nicht Fortschritt." —

Zum Schluſſe ſei erwähnt, daß die animale Vaccination bereits in mehreren Hauptſtädten ſich Eingang verſchafft hat. In Brüſſel wird ſie von Dr. Warlomont, in St. Petersburg offiziell von Dr. Bulmerincq, in Berlin von Dr. Piſſin *) mit Erfolg geübt, auch in Wien in neueſter Zeit —

Die Nachtheile und Schattenſeiten von Beſtehendem aufzudecken iſt freilich leichter, als Beſſeres an die Stelle zu ſetzen. Erſt die Zukunft wird darüber entſcheiden, ob mit dem mangelhaften Impf= inſtitut theilweiſe oder ganz zu brechen, ob an die Stelle der Vacci= nation von Arm zu Arm die jetzt ſo befürwortete Vaccination direkt von der Kuh zu ſetzen, ob der geſetzliche Impfzwang, wie in England und Oeſterreich, unhaltbar auf Grund des jetzigen Standes der Wiſſen= ſchaft, aufzugeben iſt, oder ob trotz der Fortſchritte, trotz der erkannten Gefahren und Schäden eben Alles beim Alten bleibt. In gegenwär= tiger Zeit des Umſchwunges, der faſt in allen Verhältniſſen unwiderſteh= lich ſich geltend macht, ſollte gerade auf einem der wichtigſten Gebiete, dem des öffentlichen Geſundheitswohles, eine von der Wiſſenſchaft als dringend nothwendig anerkannte Reform, ſo ſchwierig ſie auch ſein mag, mit allen Kräften wenigſtens angeſtrebt werden. — Per aspera ad astra!

---

*) Gegenwärtig kann man in der Augsburger Allg. Zeitung (z. B. Beilage Sonntag 17. März 1867. S. 1248. Nro. 76. und Nro. 77—80 u. ſ. w.) die Annonce leſen: Lymphe, direkt von der Kuh weg. Das Haarröhrchen für 1 Perſon 20 Sgr. Berlin. Schiffbauerdamm. 33. Dr. Piſſin. — Im medizin. Correſpondenzblatt des württ. ärztl. Vereins Band XXXVII. Nr. 9. 21. März 1867. S. 72 heißt es: Wie ich in der Berliner Allg. med. Central-Zeitg. 1866 Nro. 65. u. 66. berichtet habe, iſt es mir gelungen, die Lymphe direkt von der Kuh weg reichlicher als bisher zu gewinnen, und werde daher von jetzt an das Haarröhrchen für 1 Perſon zu 20 Sgr. verſenden. Berlin den 4. März 1867. Dr. Piſſin, Schiffbauerdamm 33. — Aehnliche Anzeigen finden ſich in anderen Blättern.

Druckfehler.

Seite 3 4. Zeile von unten statt gehörte lies gehört.
Seite 14 9. Zeile von unten statt neue lies eine neue.
Seite 26 7. Zeile von unten statt wieder lies wider.
Seite 46 18. Zeile von oben statt natürlich lies natürlichen.